0~6岁宝宝智力开发大百科

高级育婴师、高级公共营养师 **程玉秋** 编著

全国百佳图书出版单位
中国中医药出版社
·北 京·

图书在版编目（CIP）数据

0~6岁宝宝智力开发大百科 / 程玉秋编著. —北京：
中国中医药出版社，2024.1
ISBN 978 - 7 - 5132 - 8431 - 8

Ⅰ.① 0⋯　Ⅱ.①程⋯　Ⅲ.①婴幼儿－智力开发
Ⅳ.① G61

中国国家版本馆 CIP 数据核字（2023）第 184766 号

中国中医药出版社出版

北京经济技术开发区科创十三街 31 号院二区 8 号楼
邮政编码　100176
传真　010-64405721
北京盛通印刷股份有限公司印刷
各地新华书店经销

开本 889×1194　1/24　印张 12　字数 331 千字
2024 年 1 月第 1 版　2024 年 1 月第 1 次印刷
书号　ISBN 978 - 7 - 5132- 8431 - 8

定价　59.80 元
网址　www.cptcm.com

服 务 热 线　010-64405510
购 书 热 线　010-89535836
维 权 打 假　010-64405753

微信服务号　zgzyycbs
微商城网址　https://kdt.im/LIdUGr
官 方 微 博　http://e.weibo.com/cptcm
天猫旗舰店网址　https://zgzyycbs.tmall.com

如有印装质量问题请与本社出版部联系（010-64405510）

前言
PREFACE

　　每一位家长都能做到认真养育宝宝，可是如何开发宝宝的智力，发掘宝宝的潜能，并非是所有的爸爸妈妈都了解的。人实际上具有无限的智力潜能，并且大多在婴幼儿时期就已经形成了。

　　相关科学研究表明，人的大脑发育最快的时期就是婴幼儿时期，同时也是语言能力发展的关键时期：4~5个月的宝宝已经初步具有了触觉；6个月的宝宝就已经有辨别音乐中各种旋律的能力；7~8个月的宝宝已经具有了嗅觉……

　　多项研究结果显示，宝宝在学前阶段的教育尤为重要。爸爸妈妈要充分挖掘宝宝的潜能，施以正确的教育和指导，使宝宝的潜能得以健康发展。本书为爸爸妈妈开发宝宝智力提供了更科学实用、更新颖有趣的方法，从知觉能力、语言能力、运动能力、听觉能力、数学学习能力、社交能力、情绪控制能力、心理素质等方面展开，全面、详细地给爸爸妈妈讲述了在各个阶段应如何开发宝宝的智力。

　　本书在每个亲子游戏中都贴心地附上"温馨提示"，指导家长在与宝宝做游戏的过程中需要注意的事项，为宝宝智力开发提供了全面的计划。

　　本书内容寓教于乐，活泼新颖，帮助爸爸妈妈养育出健康聪明的宝宝，希望这本书能成为爸爸妈妈对宝宝早期教育道路上的良师益友，让宝宝赢在起跑线上！

目录

CONTENTS

第1章 0~1岁宝宝智力开发方案

第 2 章　1~2 岁宝宝智力开发方案

第3章　2~3岁宝宝智力开发方案

第4章 3~4岁宝宝智力开发方案

第5章　4~5 岁宝宝智力开发方案

第6章　5~6 岁宝宝智力开发方案

附录

左右脑全力开发

左脑——知性脑

左脑与右半身的神经系统相连，掌管运动、知觉等功能，因此右耳、右眼的主宰是左脑。左脑最大的特征在于具有语言中枢，掌管说话、学习、判断、分析等，因此被称为"知性脑"，能够分析复杂的事物，比较偏向理性思考。

1 掌管右半身器官和肢体，如右眼、右手、右脚等。

2 识别语言文字，进行逻辑分析、推理判断。

3 形状辨识：强调细节。

4 又被称作"知性脑"。

5 情绪体察：比较偏向理性思考。

6 能对复杂问题进行分析，化繁为简。

7 探究事情原因，进行思考，逐一解决。

左脑管逻辑

左脑发达宝宝将来的理想职业

科学家、建筑师、会计师、侦探、数学家、警察。

右脑——艺术脑

　　右脑与左半身的神经系统相连，掌管多种功能，因此左耳、左眼的主宰是右脑。右脑掌管图像、感觉，具有鉴赏绘画作品、欣赏音乐等能力，被称为"艺术脑"。右脑负责感知韵律、形象、空间等，进行情绪处理，比较偏向感性思考。

右脑管创意

1　掌管左半身器官和肢体，如左眼、左手、左脚等。

2　掌管想象直觉、韵律空间等感性思维。

3　形状辨识：着重全貌，具有空间感。

4　又被称作"艺术脑"。

5　情绪体察：较偏向感性思考。

6　需要负担较多正、负面情绪的感受与处理。

7　全面分析问题，能立即解决。

右脑发达宝宝将来的理想职业
设计师、音乐家、色彩师、飞行员、天文学家、画家。

宝宝智力开发的五个最佳时期

让宝宝变得更加聪明是每个父母的心愿。从宝宝出生开始，父母就在为打造"天才宝贝"而苦苦寻觅方法。

大脑研究专家证实，早期的社交和情感经历是智力发展的关键。所以，在宝宝成长的各个关键期，鼓励和支持宝宝多多接触周围的事物是开发智力的金钥匙。

刺激大脑

研究表明，通过不断地刺激大脑，可以使大脑快速发育。父母在平时的生活中可用以下四种方式循序渐进地刺激宝宝的大脑。

低度刺激：让宝宝观赏花草、听音乐等，有利于开发宝宝的心智。

中度刺激：观看电视大赛、智力比赛等，可培养宝宝观察、欣赏、鉴别及语言表达能力。

高度刺激：插花、下棋、饲养小动物等，可以磨练宝宝的耐心和鼓励宝宝开动脑筋。

更高度刺激：吟诗、作画、木刻、石雕、泥塑、演奏乐器、练武术、踢足球、搞小发明及航模等，可培养宝宝的应急能力和创造精神。

关键期 1　0~1 岁，声音辨别关键期

宝宝出生 1 周后，听觉已经相当好，3~4 个月时头可以转向声源，听到悦耳声时会微笑，5 个月时能辨别人声。

训练方法：

1　在宝宝睡醒后精神很好时，朗读诗歌给他听。

2　经常唱歌或放音乐给宝宝听。

3　经常对宝宝说话，教他念人物或物品的名称等。

4　经常带宝宝到户外听周围环境中的各种声音，如狗叫声、喇叭声、门铃声等，并向宝宝一一解释。

5　模仿动物的叫声，鼓励宝宝模仿。

6　利用游戏的机会，让宝宝辨别从不同方向传来的声音。

7　多与周围的人接触，让宝宝感受不同的声音特点和模式。

关键期 2
1~2岁，动作发展关键期

训练方法：

1　在较为宽敞的空间里准备一个软硬适中、比足球小点的皮球，爸爸妈妈与宝宝互相投掷皮球，提高宝宝的行走能力和速度。

2　妈妈把两手放在头两侧，模仿兔子耳朵，双脚并拢向前跳，让宝宝模仿，这样可以锻炼他的协调性。

3　妈妈用粉笔在地上画一条约10米长的"S"形线，让宝宝踩着线往前走，如果宝宝始终能踩着线走，妈妈要给予一定的表扬，这样能促进宝宝左右脑的同步健康发展。

关键期 3
2~3岁，口语发展关键期

训练方法：

1　引导宝宝注意大人说话的声音、嘴型，开始模仿大人的声音和动作。这时主要是训练宝宝的发音，尽可能使他发音准确，对一些含糊不清的发音要耐心纠正。

2　引导宝宝把语言与具体的事物、具体的人联系起来，经过反复训练，宝宝就能初步了解语言的含义，比如宝宝在说"爸爸""妈妈"时，就会把头转向爸爸妈妈。

3　利用生活中遇到的各种事物向宝宝提问，比如散步时问树叶是什么颜色，并要求宝宝回答，提高他的语言表达能力。

4　鼓励宝宝多说话，耐心纠正宝宝表达不完整或不准确的地方。

关键期 4 — 3~5岁，计数能力发展的关键期

训练方法：

1 利用日常生活中的各种机会，经常在给宝宝糖果、上下楼梯时数数给宝宝听。

2 借助不同的物品，如手指、积木等，和宝宝一起数数，增强宝宝对数字的感性认识。

3 利用生动的形象，教宝宝认识数字符号，如"1"像筷子、"2"像鸭子、"3"像耳朵等。

4 设计一些有趣的游戏让宝宝做，如让宝宝从数字卡片中找特定数字等。

5 运用具体实例，教宝宝加减法，可以用苹果、积木等道具来演示。

6 提供足够的实物材料，让宝宝自己动手，寻找数字间的联系。

关键期 5 — 5~6岁，音乐能力发展的关键期

训练方法：

1 选择适合宝宝的歌曲、儿童音乐电影等，与宝宝一起欣赏，同时进行讲解，或向宝宝提问题，激发他的想象力。

2 选择适合宝宝年龄特点的歌曲，教宝宝唱。

父母守则——开发智力的辅助工作

第一，保证营养，也就是注意食物的"益智配方"。宝宝从出生起就需要不断地吸收各种帮助大脑发育的营养元素，二十碳四烯酸（ARA）和二十二碳六烯酸（DHA）对脑部和视觉发育非常重要。

第二，多进行益智游戏。用游戏和玩具，通过科学的训练和学习方法，向宝宝输送精神营养，最大限度地开发孩子的脑部潜能，提高孩子的智力。

第三，多和宝宝交流。在宝宝玩游戏时，亲人的参与很重要，父母的爱心和耐心能够很好地引导宝宝投入游戏当中，将精神营养和物质营养有机地联系起来，给予宝宝最大的安全感和最好的心灵沟通。

开启宝宝聪明智慧之门的
黄金法则

宝宝 0~6 岁期间，爸爸妈妈能做些什么让宝宝更加聪明呢？不妨参考以下这些可行的建议。

保证营养全面均衡

营养的全面均衡从孕期就要开始注意，尽量做到不偏食、不挑食，多补充胎儿脑部发育所需的营养。

宝宝出生后，最好以母乳喂养，如果可以的话，尽可能做到自然断乳，这对宝宝的身体和心理健康都有着重要意义。注意及时添加辅食，食物品种多样化，并且随着宝宝的年龄变化不断调整。注意这些细节，持之以恒，会对宝宝的生长发育产生深远的影响。

给宝宝足够的关爱

爱会使宝宝具有安全感，从而促进心智的发育。宝宝出生后，爸爸妈妈要多对宝宝进行抚触，使他产生满足感；要尽早开发宝宝的语言和情感交流能力，多和他说话，即使是在做家务的时候，也不要忘记时常和宝宝交流一下，告诉宝宝你正在做什么。假如你正在洗衣服，就可以向宝宝说说有关洗衣服的过程。

经常为宝宝唱儿歌，也会使宝宝感受到浓浓的爱意。不要总是在宝宝面前唠叨埋怨，尤其是年轻的爸爸妈妈，常常因为无法胜任新的角色而对宝宝产生埋怨情绪，这对宝宝的心智发育是不利的。

选择适合的益智玩具

玩具是宝宝亲密的伙伴，不仅可以给宝宝以情感慰藉，还能激发宝宝的好奇心和提高动手、动脑的能力。

在不同的年龄阶段应该给宝宝不同的玩具，但是也不可太多。家长最好能够和宝宝一起玩玩具，不要总让宝宝自己玩，否则宝宝会对玩具产生厌倦。

进行亲子阅读

亲子阅读从宝宝一出生就可以进行了。爸爸妈妈给手臂寻找一个舒服的支撑物，然后将宝宝放在臂弯里，挑选一本宝宝喜欢的图画书，声情并茂地朗读，有利于宝宝的智力开发。随着宝宝的成长，阅读的内容也要逐渐扩展和深入。

抓住一切时机

帮宝宝开发智力的工具无处不在，比如大街上的各种符号、标语等。妈妈还可以带着宝宝到超市看食品包装，当宝宝能读出上面的词语时，他会非常高兴。

只要有心，帮助宝宝从生活的一点一滴中学到丰富的知识，宝宝会变得越来越聪明。

新生儿生长情况

项目	男（均值）	女（均值）
体重（千克）	3.32	3.21
身长（厘米）	50.4	49.7
头围（厘米）	34.5	34.0
胸围（厘米）	32	32

看看宝宝都会做什么了

- 新生儿眼焦距调节能力差，最合适的距离是 19 米，在观察事物的过程中可刺激宝宝大脑的发育。

- 宝宝最喜欢的是妈妈温柔的声音和笑脸，当妈妈轻轻地呼唤宝宝时，他会转过脸来看妈妈。

- 新生儿不喜欢音量过大的声音，比如听到噪声时，头会转到相反的方向，甚至用哭来抗议这种干扰。

- 新生儿其实一出生就会笑了，只是那是无意识的笑。

第1章

0～1岁宝宝
智力开发方案

1个月

宝宝一出生就有一定的运动能力，会打哈欠、凝视、笑、吸吮自己的手指、蹬腿、踢脚、挥手、摇胳膊、扭头等，这是培养新生儿运动能力的基础，应早点加以培养和锻炼。而且，对新生儿进行早期运动训练是增长智力的关键。

抬头运动训练

对宝宝进行抬头训练能锻炼其颈、背部肌肉，促进宝宝早点将头抬起来，扩大宝宝的视野。

俯卧抬头

一般宝宝在出生后10天就可以进行俯卧抬头训练了，最好安排在两次喂奶之间，用玩具逗引宝宝抬头。

竖抱抬头

妈妈喂奶后，竖抱起宝宝，使其头部靠在自己的肩上，并轻轻地拍几下背部，防止宝宝溢奶。不要扶住宝宝的头部，让宝宝自然挺直，每天练习4~5次，可以促进宝宝颈部肌肉的发展。

俯腹抬头

宝宝空腹时，将宝宝放在妈妈的胸腹前，并使其自然地俯卧在腹部，将双手放在宝宝的背部进行按摩，并逗引他抬头。

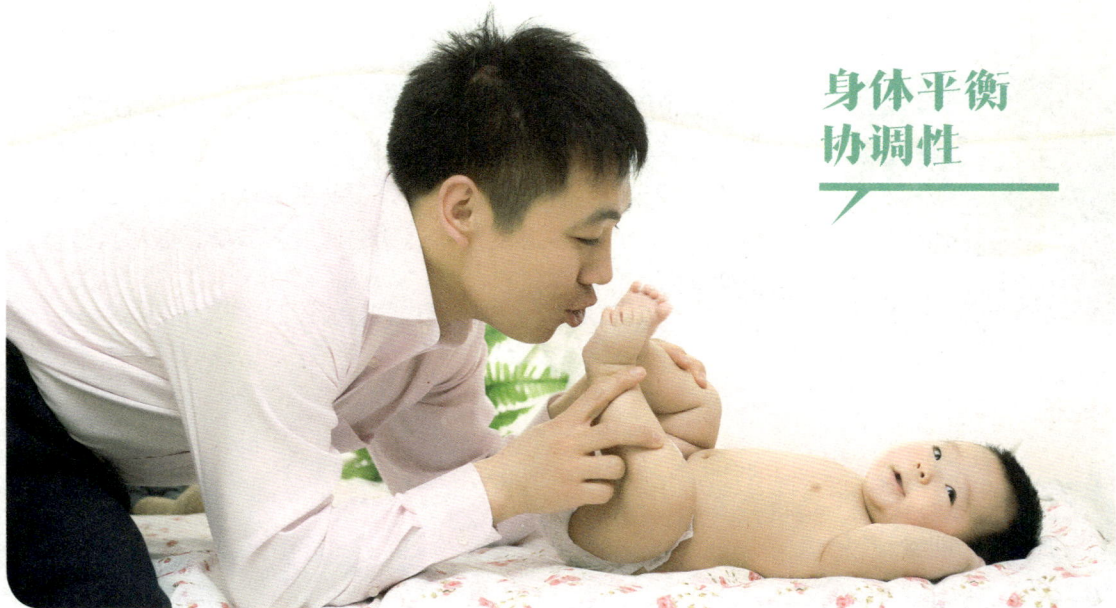

盘盘小腿

💡 发展能力

经常给宝宝做盘腿小游戏，能锻炼其腿部的肌肉力量，提高腿部大动作能力，为宝宝翻身做准备。

💡 这样玩

1 给宝宝穿上暖和、宽松的衣服，将宝宝放在床上躺好，房间温度保持温暖。

2 妈妈轻轻握住宝宝同侧的脚踝和大腿，盘向另一条腿，让宝宝的上半身和屁股跟着盘过去，然后再将宝宝放回，保持平躺姿势。

3 换另一条腿，做盘转运动，如此反复数次。

温馨提示

- 在做盘腿游戏时，爸爸可以在旁边帮忙，用手轻轻护着宝宝的腰背，帮助宝宝盘转。
- 动作一定要轻柔，以免扭伤宝宝的腰腿。
- 刚开始做时，时间应控制在 2 分钟内，随着宝宝的成长，可适当增加练习的时间。

精细动作能力

出生后 1 个月内的宝宝还不能认识到手是自己身体的一部分，爸爸妈妈可通过游戏，让宝宝能一边看到手的运动，一边感受自己身体的运动变化，帮助宝宝认识手与自己的关系，同时帮助宝宝感受肢体运动的速度和节奏，锻炼其肢体协调能力。

小手握握

🤚 发展能力

抓握能力训练。

🤚 这样玩

1 用铅笔粗细的带响玩具轻点宝宝手心，刺激抓握反射。

2 妈妈可以一边点宝宝手心，一边念儿歌："蜻蜓蜻蜓点点，小手小手卷卷。蜻蜓蜻蜓飞跑，宝宝宝宝笑笑。"

反应能力
视觉能力

摇摆的玩具

🎈 发展能力

    训练宝宝手臂控制力、小手的动作灵活性及抓握的力量。宝宝在抓握玩具的过程中，能接受到玩具的触觉刺激，有利于提升宝宝的触觉敏感度。

🎈 这样玩

1　将细绳子的一端系在玩具上，让宝宝仰卧在床上或垫子上。
2　妈妈提着绳子的另一端，缓缓地放下，让宝宝伸手可触摸到玩具。
3　宝宝伸手抓到玩具玩了一会儿后，妈妈提起绳子，让玩具离开宝宝的手，重复做3~5次。

温馨提示

- 在游戏的过程中，妈妈要兼顾宝宝的情绪。当宝宝情绪不稳定的时候，应停止游戏，以后再选择合适的时间进行。
- 游戏的时间不宜过长，最好控制在3分钟以内。
- 让宝宝触摸的玩具，事先应当清洗干净，确保清洁。

观察思考能力

通过让宝宝区别不同物体，锻炼宝宝的思考能力，丰富宝宝的生活。

这是书

辨别能力

💡 发展能力

通过训练，让宝宝观察到不同物体的区别，以提高宝宝的观察思考能力。

💡 这样玩

1　妈妈竖着抱起宝宝，用右手支撑他的头使他不至于后仰，观察房间内墙壁四周的挂图和玩具饰物。

2　妈妈告诉宝宝物品的名称，比如看到宝宝的小床时，对宝宝温和地说："宝宝看看，这是宝宝的小床，多么漂亮！"

温馨提示

○ 妈妈和宝宝说话时，眼睛要看着宝宝。

追视卡片

🔅 发展能力

　　训练宝宝对图形、颜色的感知能力，开发宝宝的形象思维能力、空间感知能力。

🔅 这样玩

1　父母为宝宝准备一些黑白图形，如黑色的三角形、白色的圆形、黑色的长方形等。

2　让宝宝躺在床上，然后出示不同的图形给宝宝看，每种图形让宝宝看1分钟，同时观察宝宝的反应。

3　也可以在小宝宝的床头贴上棋盘、拼图、条纹、曲线、同心圆、串珠等图形，让宝宝醒后能看到这些令他感兴趣的东西。

黑色三角形　　　　　　白色圆形

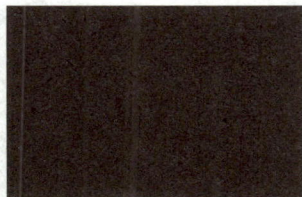

黑色长方形

15

记忆能力训练

宝宝有很好的视力，能自如地看周围的世界，而且能记住看到的事物。

惊人的记忆力

很多人不相信，新生儿能记住自己所看到的东西。有研究发现，新生儿不但能看，还能对所看到的东西形成记忆，比如在床头挂一个玩具，开始时宝宝看的时间长，以后看的时间逐渐缩短，好像对此厌烦了。如果换一样新的物品，宝宝又会表现出兴趣，这说明宝宝已经对看过的玩具或图像具有早期记忆了。更有趣的是，宝宝也能看到妈妈脸上的表情变化。

多给宝宝看看温暖的小屋、美丽的草地、郁郁葱葱的小树等

记忆力培养方案

宝宝从一出生，就不仅会看东西，还能记住看到的形象，他们已经有更高级的脑功能了，喜欢观察复杂、多样、运动的物体，有着很好的视觉记忆能力。

让宝宝认识家人

🎈 发展能力

通过认识家人，强化宝宝的视觉记忆能力。家人要经常触摸、拥抱、亲吻宝宝，面带微笑地对宝宝点头、说话，逗宝宝笑。

🎈 这样玩

1　爸爸要经常抱起宝宝，给宝宝穿衣服、换尿布、逗宝宝玩等。爸爸的抱法跟妈妈的不同，宝宝会感受到爸爸的怀抱更有力。爸爸还可以将宝宝举起来逗宝宝开心，让宝宝早点认识爸爸。

2　在爷爷奶奶或其他亲戚朋友来家里时，可抱着宝宝靠近他们的脸庞，用语言和动作吸引宝宝注意他们的脸，并告诉宝宝这是谁，还可以让亲戚朋友们摸摸宝宝的小手，抱抱宝宝，逗宝宝玩。

社交能力
反应能力

语言能力

出生后 1 个月之内的宝宝，已经能区分语言和非语言声音了，还能分辨不同人发出的声音。这时，爸爸妈妈要与宝宝多交流，促进其语言能力的提高，同时这也有利于与宝宝建立更亲密的关系。

宝宝最初的语言

宝宝 1 个月大时，如果在妈妈和他说话时注视妈妈的脸片刻，并露出反射性微笑，有时还会发出"咿咿""啊啊"的声音，这是宝宝在和妈妈说话，也是宝宝最初的语言。

语言能力训练方案

培养宝宝听人说话的兴趣

要培养宝宝的语言能力，先要培养宝宝听别人说话的兴趣，从而强化宝宝对语言的理解能力。

在家里，爸爸妈妈要营造一个温暖亲切的氛围。妈妈可抱起宝宝，轻轻地亲吻他，用手抚摸他的小手、小脸。在宝宝哭闹时，将宝宝抱起来贴近胸口处，让宝宝听听妈妈的心跳声，他就会变得安静和愉悦起来。

用温柔的声音多与宝宝交谈

平时，妈妈要经常用温柔的声音轻轻地和宝宝说话，对他微笑，轻轻哼唱一些优美的歌曲，也可以用玩具逗一逗宝宝，吸引他注视妈妈的脸，以启发他进行语言模仿。

宝宝 2~3 周大时，就会发出"哦哦"的声音来回答妈妈的问话，妈妈说得越多，宝宝的语言反应就会越多。

温馨提示

o 妈妈在唱歌时，声音要温和亲切，面部表情要丰富，这样能引起宝宝的兴趣，带动宝宝模仿发音，从而锻炼宝宝对语言的感知能力，并提高乐感。

为了尽早开发宝宝的语言能力，要坚持每天在换尿布、喂奶、洗澡、洗脸等时与宝宝多讲话。不管任何时候与宝宝接触，都不要忘了多与宝宝说话，并要柔和地告诉他妈妈在做什么、想什么等。在和宝宝说话时，应当注视着宝宝，表情要有所变化，不要过于呆板。

拉长发音

🎈 发展能力

延长发音可以强化宝宝正在形成的发音能力，有助于语言能力的提高。

🎈 这样玩

1 让宝宝仰卧在妈妈的怀里或躺在床上，妈妈做出各种表情，并发出简单欢快的声音，引起宝宝的反应。

2 当宝宝喃喃自语，发出"o——o——o"这样的声音时，妈妈可以重复并拉长发音"o——o——o"。

语言能力

温馨提示

○ 妈妈发出的声音不要太大，以免宝宝受到惊吓，也不要因急于求成而发出太过复杂的声音。

19

为宝宝唱歌

🎈 发展能力

　　培养宝宝的发音及口唇模仿能力，刺激宝宝语言发育。

🎈 这样玩

1　当宝宝的注意力集中在妈妈脸上时，妈妈给宝宝唱一些儿歌，可以是妊娠期给宝宝唱过的歌曲，也可以是新歌，只要节奏明快、朗朗上口即可。

2　唱歌时妈妈要注视着宝宝，观察宝宝的表情和反应。

温馨提示

○ 妈妈的口形对宝宝很有吸引力，这样做游戏可以刺激宝宝张口发音。妈妈的表情可以夸张些，带动宝宝活跃起来，刺激宝宝的语言模仿能力。同时，给宝宝唱歌也能刺激宝宝的听觉发育。

感官发育

宝宝出生后，各感官把外界的信息不断地传送到大脑中，使感官 – 大脑 – 身体 – 行动协调起来，适应外界的生活，这种适应的过程和心理发育与感觉能力密切相关。

视觉训练

🎈 宝宝的视觉特点

宝宝出生后便有视觉，但却是所有感觉能力中发展水平最低的，视觉适应及视敏度水平有限，对光敏感，能够分辨一些颜色，能用视线追踪移动的物体，观察的过程可以刺激宝宝大脑的发育。人类学习的知识中85% 是通过视觉获取的，所以在宝宝睡醒后，可以尝试着让宝宝看看周围的环境。

🎈 训练要点

拿一个小红球在宝宝眼睛上方 20 厘米处上下左右慢慢移动，让宝宝的眼睛追随红球，以训练视觉能力。

听觉训练

🎈 宝宝的听觉特点

宝宝出生后所发出的响亮哭声他自己也能听到。新生宝宝对轻微的声音虽不如成人敏感，但也会有反应，会将头转向声音传来的方向。新生宝宝会对有节奏的声音或妈妈轻柔的声音表示喜欢，对嘈杂的声音表现出烦躁不安。宝宝的记忆力很好，能记住自己听到的很多声音。

🎈 训练要点

在孕期进行胎教的妈妈会发现，在宝宝出生后重新给宝宝讲他在胎儿期听过的故事时，宝宝会表现出注意力集中的样子，似乎对故事已经很熟悉了。因此，可以通过给宝宝讲故事、唱歌、听音乐、在他身边摇铃等方式来训练宝宝的听觉。

嗅觉训练

🎈 宝宝的嗅觉特点

新生儿能察觉到一些气味，闻到不喜欢的气味会把头扭到一边。母乳喂养的宝宝能根据乳房的气味辨认出自己的妈妈。宝宝会通过嗅觉来认识自己熟悉的地方。

训练要点

将浸过乳汁的毛巾放在宝宝头部一侧，让宝宝转过头采闻，以此来训练嗅觉能力。

触觉训练

🎈 宝宝的触觉特点

宝宝有灵敏的触觉。实际上，从胎儿生命一开始，当他们被子宫内温暖的软组织和羊水包围时就开始有触觉了。习惯于被紧紧包裹的胎儿，出生后喜欢紧贴着爸爸妈妈温暖的身体。当宝宝啼哭时，爸爸妈妈都会本能地抱起自己的孩子，并轻拍、摇动他们，这是在充分利用触觉安抚新生儿。

🎈 训练要点

宝宝睡醒后，爸爸妈妈要做好抚触，并和宝宝说话。

听小铃铛的声音

🎈 发展能力

促进听觉和视觉的发育。

🎈 这样玩

1 将小铃铛在距离宝宝头部 20 厘米处上下左右慢慢移动，并轻轻摇晃，用小铃铛的声音训练宝宝的听觉能力，吸引宝宝的视线。
2 如果宝宝向声音传来的方向转头，就应该给予鼓励。

视觉能力
反应能力

温馨提示

○ 铃铛的声音不宜过响，可选用毛绒类玩具上的铃铛。

抚触宝宝

🌱 发展能力

　　抚触按摩有助于宝宝情感的发展，生理上有增进宝宝神经系统发育的作用，使宝宝感到放松，刺激血液和淋巴系统有利于宝宝健康生长发育。

🌱 这样玩

　　宝宝睡醒后，妈妈抚触按摩宝宝全身的皮肤，并和宝宝说话。

温馨提示

○ 为宝宝按摩，最好在宝宝清醒、能清楚观察宝宝的表情和反应的情况下进行。喂完奶后的1小时内不适合进行抚触。为避免宝宝吐奶，最好选在两餐之间抚触，比如早上11点和下午4点各喂一次奶，就要在下午2~3点进行抚触。宝宝洗澡后也是抚触按摩的好时机。

大动作能力

2个月

出生后1~2个月，是宝宝生长发育最迅速的时期，也是动作能力提高最快的阶段，这时应做好全方位的训练。

抬头训练

让宝宝自己俯卧在床上，两臂屈肘放于胸前，妈妈在宝宝的一侧逗引其抬头。刚开始每次做30秒，慢慢根据训练情况逐渐延长至3分钟左右。这样不仅能锻炼宝宝的颈部肌肉，开阔视野，扩大视觉范围，而且能促进宝宝的智力发育。

转头训练

让宝宝转头，能训练宝宝的颈部活动能力。在训练时，可将宝宝抱起，面向前方，有人在他的背后忽而向左、忽而向右伸头，与宝宝玩捉迷藏的游戏，并变化着摇动响铃，或呼唤宝宝的名字，或与之说话。总之，要尽量引起宝宝的兴趣，使之主动地左右转头。

在做这种训练时，可每天做4~5次，每次1~3分钟。在训练之初，记得要将手放在宝宝头的两侧加以保护。

竖抱抬头

在做这个训练时，爸爸妈妈可一起参与。一个人将宝宝竖着抱起来，另外一个人拿着色彩鲜艳和带响声的玩具，放在接近宝宝面部的前方，跟宝宝逗着玩。这时宝宝的头会向前倾，以观察彩色的玩具。

踢彩球

🎈 发展能力

　　活动宝宝的双腿，锻炼宝宝的下肢肌肉。下肢运动能带动全身运动，以促进宝宝大动作能力的发展。

🎈 这样玩

1 准备几个彩色塑料球，用细线吊在宝宝小脚上方 5~10 厘米处，保证宝宝能看得到，也能伸腿碰得到。

2 让宝宝仰卧，妈妈用手触碰彩球，让它们动起来，并配合声音和动作吸引宝宝的注意力。

3 宝宝看到球跳动或听到声音很兴奋，就会边努力蹬腿，边屈伸膝盖，感到非常欢喜。

温馨提示

○ 宝宝如果只是看着，没有伸腿去踢，妈妈可拉着宝宝的小脚触碰彩球，碰到时惊喜地对着宝宝笑或用肯定的声音鼓励宝宝，如"呀，踢到了，再踢一个""好，真棒"等，慢慢地，宝宝就会自己试着伸腿去踢。

身体平衡能力

抬头训练

🎈 发展能力

不仅能锻炼宝宝颈部肌肉，扩大视野，还能锻炼宝宝用手臂支撑全身的能力。

🎈 这样玩

让宝宝自己俯卧在床上，两臂屈肘放于胸前，妈妈在宝宝的一侧逗引其抬头。

温馨提示

○ 刚开始每次做 30 秒，慢慢根据训练情况逐渐延长至 3 分钟左右。

精细动作能力

2 个月大的宝宝刚开始抓握东西时，眼睛并不看着手，看东西时也不会去拿，眼和手的动作是不协调的。

宝宝的手

宝宝到第 2 个月大时，小手已经开始松开了，不再一直紧握拳头，有时会两手张开，摆出想要拿东西的样子。虽然这是一个无意识的动作，但宝宝有时看到玩具会乐得手舞足蹈，全身乱动。

训练手部触摸和抓握能力

爸爸妈妈一定要把握好这个时机，选择一些不同质地、适合宝宝抓握的玩具，如拨浪鼓、海绵条、纸卷、瓶盖或积木等，多对宝宝进行手部动作的训练，以开发宝宝的智力。

先用玩具去触碰宝宝的小手，让他感受不同的物体。等宝宝的双手完全张开后，将玩具柄放到宝宝手中，待宝宝握紧后再慢慢抽出。妈妈也可将食指或带柄的玩具塞入宝宝的手中使其握住，并保持片刻。

拨浪鼓能发出富于变化的响声，吸引宝宝的注意力。妈妈要时常检查拨浪鼓两旁的弹珠是否牢固，防止其因不牢固而掉下，出现被宝宝吞食的情况。

27

手眼协调练习

握着宝宝的手，帮助其去触碰、抓握面前悬挂的玩具。当宝宝抓到玩具时，妈妈要鼓励一下宝宝，这样能锻炼他的抓握能力和观察力，对宝宝的手眼协调、视知觉形成也大有裨益。

温馨提示

○ 当宝宝的握力慢慢增强，并与家长有默契后，家长可试着把宝宝的手拉高一点，像玩单杠游戏一般，维持约 30 秒。

学升降

发展能力

引导宝宝多做抓握动作，提升手部能力，并能借此建立亲子关系。

这样玩

1 宝宝躺在床上，家长把双手的拇指塞进他的小手内，他会自然地握着。

2 当感觉到宝宝的握力渐渐增强，可慢慢把双手上提，宝宝会自然跟随，尝试轻轻地将仰卧的宝宝拉起来，让他坐着。每次持续数秒。

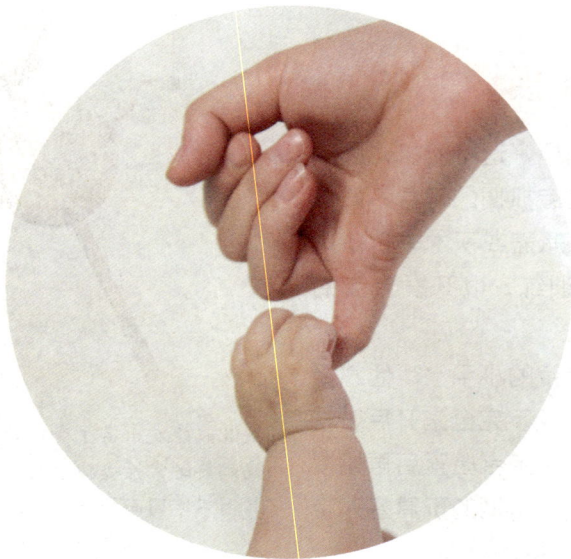

手部动作能力

十指游戏

🎐 发展能力

　　大脑有许多细胞专门处理十指、手心、手背、腕关节的感觉和运动信息。宝宝的手部动作越复杂、越精巧，就越能在大脑皮层建立更多的神经网络，从而使宝宝变得更聪明。

🎐 这样玩

1　宝宝睡醒后，让其仰卧在妈妈怀中，面朝着妈妈，在他的手上系一根彩色布条或一个响铃，以吸引宝宝观察自己的小手。妈妈拉着宝宝的小手慢慢晃动，让其看到彩色布条或听到铃声，同时用十指轻轻抚弄宝宝的十指。

2　拉着宝宝的一只小手触摸另一只，让宝宝边看自己的小手边摆弄自己的小指头，或摆弄系在手腕上的布条或响铃。

3　妈妈的协助性动作：揉揉宝宝的小指头，拉着宝宝的左手食指在右手心画圈，拉着宝宝两只小手互相对拍，拉着宝宝的小手捏布条，等等。

温馨提示

○ 妈妈在揉捏宝宝十指时动作要轻柔，尽量让宝宝自己主动玩。

语言能力

第 2 个月的宝宝偶尔会发出 "a" "o" "e" 等字母音，有时还会发出咕咕声，在与妈妈对视时，会呈现丰富的表情，有时又会用发音来回应。

多引导宝宝说话

与宝宝接触时应注意多交流，并引导宝宝主动说话。例如，在给宝宝换尿布时，可以让宝宝光着屁股玩一会儿，宝宝就会心情放松，欢快地把腿抬起、放下，此时妈妈就可以说 "宝贝，妈妈给你换干净的尿布"。这样每当宝宝光着屁股时，就会兴奋地笑，并不断地伸腿、蹬脚，与妈妈互动。

面向宝宝说话

在跟宝宝说话时，最好面向宝宝，这样宝宝就会盯着你的嘴。当宝宝开口发出同样的声音时，就会非常快乐。

温馨提示

○ 妈妈抱着宝宝，让宝宝感到很放松，由此营造愉快的氛围，再来引导宝宝说话，宝宝会更容易接受。

宝宝在刚开始说话时，通常是无意识的，很容易忘记，家长要耐心地去巩固宝宝无意识时说出的话，这样才会让宝宝循序渐进地记住。

大声笑

🥄 发展能力

让宝宝开怀大笑，并且笑出声音来，为以后语言表达能力的发展奠定基础。

🥄 这样玩

1 妈妈做鬼脸，或发出怪声逗宝宝笑。
2 拿一个玩具，如狗熊、大乌龟、大象等，慢慢移到宝宝面前，突然叫一声就藏起来，然后妈妈哈哈大笑，引导宝宝也跟着笑。

温馨提示

○ 妈妈平时可以在宝宝面前做舔嘴唇的动作，也可以用唾液吹出小泡泡，鼓励宝宝模仿，这样能锻炼宝宝嘴唇肌肉的活动能力，为宝宝以后说话奠定基础。

社交能力

宝宝出生后 2 个月左右，当父母或其他熟悉的人出现在面前时，他会注视着这个人的脸，手脚乱动，会对其微笑。这种反应是宝宝最初的交际方式。

与宝宝共处

发展能力

拉近爸爸妈妈与宝宝之间的情感距离。

这样玩

1 充分利用喂食的时间。不论你是喂母乳还是配方奶粉，喂奶时都要安抚宝宝。

2 经常和宝宝说话，不管他能不能听懂，都必须以充满爱的语气，轻声细语地和宝宝说话。

3 拿一本色彩鲜艳的图书给宝宝声情并茂地讲故事，增加与宝宝相处的机会，促进宝宝的大脑发育。

理解能力
反应能力

会飞的宝宝

🌱 发展能力

　　使宝宝的身体得到被动锻炼，有助于宝宝大动作能力的发展，同时增进亲子间的感情。

🌱 这样玩

1　爸爸或妈妈躺在床上或地板上，轻柔地将宝宝举起、放下，或者搂着他的胸部或腹部，让宝宝向前"飞"，向后"飞"，或从一边"飞"向另一边。

2　缓缓地放低宝宝的头，然后放低他的脚，让他慢而轻柔地朝各个方向移动，让宝宝沉浸在一种舒适飞翔的感觉中。

温馨提示

○ 可以在宝宝刚会抬头时与宝宝一起玩这个游戏，宝宝会特别开心。速度不要太快，只是让宝宝感受体位变化的乐趣，如果宝宝感到害怕，就不要玩了。

音乐能力

不是每一位父母都是音乐家，但是我们需要为宝宝创造一个有利于激发其音乐潜能的好环境。

陪宝宝听音乐

听觉能力、乐感

💡 发展能力

刺激宝宝感知系统发育，促进宝宝听觉发育，培养宝宝对音乐的兴趣，增强宝宝对乐感的敏锐性。

💡 这样玩

1 父母在家中腾出一定空间，可以是一个独立的房间，也可以是客厅或书房的一角，作为宝宝的专属"音乐房"。在音乐房里放上录音机、小乐器等与音乐有关的东西。每次宝宝使用完器具后，都可以放回这里，让宝宝感觉这个小区域是一个完全属于音乐、属于自己的地方。

2 在宝宝醒着时温柔地唱歌给他听，或者定时给他听轻快、柔和的音乐。

温馨提示

○ 父母可以随时在家中歌唱、舞蹈以带动宝宝。

快乐"蹦蹦跳"

🔵 发展能力

　　发展宝宝的动作协调能力，培养对声音节奏、韵律的感知。

🔵 这样玩

1　妈妈抱着宝宝坐在垫子、椅子或沙发上。
2　将宝宝放在膝盖上，边唱儿歌边轻轻晃动。
3　在玩了一段时间后，妈妈抱起宝宝，让宝宝坐在自己的脚上。抓住或握住宝宝的双手、胳膊或肩膀，边唱儿歌边根据儿歌的拍子轻轻晃动宝宝。

温馨提示

○ 游戏中，妈妈应当注意观察宝宝的表情，如果宝宝出现抗拒的情绪，如哭闹或挣扎等，就不可强行继续游戏。

○ 在游戏的过程中，妈妈除了唱儿歌吸引宝宝以外，还可以用正面的语言进行积极引导，如"宝宝，好玩吗""宝宝，高不高兴"等。

○ 控制好时间，即便宝宝玩得很高兴，也不要超过 5 分钟。

○ 不建议在宝宝睡前玩这个游戏。

视觉记忆能力

为了增强宝宝的视觉记忆能力，爸爸妈妈可以有意识地为宝宝提供良好的环境。

认识颜色

💡 发展能力

用鲜艳的颜色刺激宝宝的视觉，让宝宝熟悉颜色，从而提高宝宝的右脑视觉记忆能力。

💡 这样玩

1 妈妈准备几只用手捏会叫的小鸭子，注意一定要是不同颜色的。

2 妈妈抱着宝宝，一边拿起一只黄色的小鸭子，捏一下让它发出声音，吸引宝宝的注意力，一边告诉宝宝："这是黄色的。"

3 每一种颜色重复几次，这样可以提高宝宝的视觉记忆能力。

温馨提示

○ 父母还可以在宝宝的小床上方挂一些颜色鲜艳的卡片或玩具，使宝宝躺着就可以看到。

记忆能力
视觉能力

看看绿色

🌱 发展能力

帮助宝宝认识和探索自然，促进观察能力发展。

🌱 这样玩

选一个好天气，带宝宝到公园或田野里，让宝宝看看绿色的树木、草地或农作物，并告诉宝宝看到的是什么，如"宝宝看，这是漂亮的花，这是绿色的小草"等，引起宝宝观察大自然的兴趣。

温馨提示

○ 人类是自然界的一部分，在自然中成长、受到教育，创设有利的条件让宝宝接触大自然，从自然中学习，不仅能让宝宝的身心愉悦，还能学到很多知识，有助于开发宝宝的自然感知能力。宝宝在享受风景的同时，还能晒晒太阳，增强抵抗力。

知觉
能力

这阶段的宝宝能追视眼前运动的物体；喜欢观察人的脸型，并表现出对人脸的兴趣；对别人的微笑和谈话会有所反应。

好玩的小手偶

🤚 发展能力

促进宝宝的视觉神经发育。

🤚 这样玩

1 让宝宝平躺在床上，妈妈的食指上套一个昆虫手偶，站在宝宝的床边晃动食指，然后放在宝宝眼前以引起他的注意。

2 妈妈一边摇动手指，一边唱儿歌。当吸引到宝宝的注意时，观察宝宝的视线是否跟着移动，再换到另一侧进行练习。

3 刚开始，宝宝的视线跟随妈妈手指运动持续的时间会很短，但若坚持每天练习，宝宝就会不断进步。

视觉能力
听觉能力

宝宝碰到了什么

🎈 发展能力

锻炼宝宝从无意识碰摸到有意识碰摸。

🎈 这样玩

1. 在床栏上挂上布娃娃等玩具，引导宝宝用手去触碰这些玩具。当宝宝处于清醒状态并且无意识地碰到了玩具时，他会感到新奇，这种神奇的感觉会让他想再次碰触。
2. 宝宝掌握了碰触感觉规律，不断地碰触玩具。
3. 爸爸妈妈这时可引导宝宝去碰别的东西，不同的触感会让宝宝的好奇心更加旺盛，他会继续做这个游戏。

温馨提示

o 宝宝的皮肤很敏感，千万不要给宝宝一些有毛刺的玩具；不要让玩具碰到宝宝的头，否则会吓到宝宝。

3个月

3个月的小宝宝大部分时间都在仰卧，但已经会做一些锻炼全身肌肉的运动了。第3个月是宝宝动作训练的关键期，如果这时宝宝的动作能力发展得好，就能帮助其快速成长。爸爸妈妈要把握这一时期，对宝宝进行翻身和主动抓握训练。

锻炼宝宝上下肢肌肉

经常锻炼宝宝的上下肢肌肉，不但能增强宝宝的体质与运动能力，还可以训练宝宝的听觉和视觉。

妈妈可以用带长柄的玩具触碰宝宝手掌，他能抓握并举起来，使玩具留在手中半分钟。此外，可以在宝宝仰卧时，鼓励宝宝用十指抓握自己的身体、头发和衣服。这些都能锻炼宝宝的上下肢肌肉。

日常动作训练

短时间站立

妈妈可以用双手扶着宝宝的腋下，使宝宝站立起来，手放松，但不要离开。这时宝宝能在短时间内保持直立姿势，然后臀部和双膝会慢慢弯下来，妈妈要及时扶住。

坐位稳定

妈妈在扶着宝宝坐下时，让宝宝的头部竖起来，并轻微摇动，使头部前倾，与躯干成一定角度。这时宝宝的头部会一再向胸前摇动，不够稳定。

俯卧用前臂支撑

在宝宝俯卧时，有意识地让其将双肘屈曲，使重量落在肘和前臂上，鼓励宝宝试着用前臂撑起来，胸部抬起来，这样宝宝的两臂也不会再蜷缩在胸下了。

体操训练

上肢运动

预备姿势：让宝宝仰卧，两臂自然放在身体两侧，妈妈将双手拇指放在宝宝掌心，轻捏他的双腕。

第一拍：两臂同时侧平举，掌心向上。
第二拍：两臂前伸，掌心相对。
第三拍：两臂上举，掌心向上。
第四拍：还原预备姿势。

🍼 下肢运动

第一拍：双腿抬起与地面成 45°。
第二拍：左腿屈曲至腹部。
第三拍：还原预备姿势。
第四拍：同第一拍。
换右腿进行同样的操作。

温馨提示

○ 在训练宝宝翻身时，应先从仰卧位翻到侧卧位，再回到仰卧位，一天训练 2~3 次，每次训练 2~3 分钟。

翻身训练

🍼 发展能力

让宝宝学会翻身。

🍼 这样玩

1 在宝宝左侧放一个好玩的玩具，然后把他的右腿放到左腿上，再将一只手放在胸腹间，轻托其右边的肩膀，在背后往左推宝宝，宝宝就会向左转。慢慢地，让宝宝自己翻转。

2 妈妈让宝宝仰卧在床上，拿着宝宝感兴趣的玩具分别在两侧逗引，让宝宝自动将身体翻过来。

身体平衡
协调能力

灵巧的双手能刺激大脑的发育。在 3 个月左右的时候，宝宝本能的持握反射就会消失，开始出现无意识的抓握，这就标志着手部开始真正发育了。这段时间是手部运动发育的最佳时期，要抓住时机锻炼宝宝。

手部能力特点

宝宝手部的动作是从小指侧边向拇指侧边发展的。在开始抓握时，通常会用小指侧边握东西，然后逐渐向拇指侧边发展，最后发展到用所有手指握东西。

这时，宝宝的手经常呈张开状，可握住放在手中的长棒达数分钟，还会扒、碰，接触桌子上的物品，并将抓到的东西放入口中舔。

但此时，手和眼睛的协调性还不强，常抓不到物体，即使抓到也是胡乱地抓一下。

手部能力训练

宝宝如果能自己用拇指、食指端拿东西，就表明他的手部动作发育很不错。训练宝宝双手的活动能力，主要从触摸、抓握开始。

妈妈可以经常将带柄的玩具或是自己的食指塞在宝宝的手掌中，让宝宝抓握、触摸，以此来训练宝宝小手的运动能力。

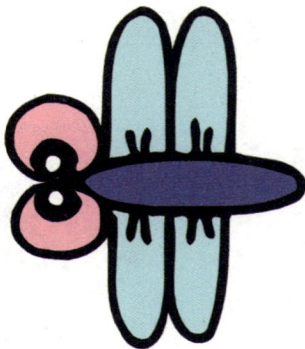

触碰玩具

🦴 发展能力

让宝宝的双手更加灵活，提高手和眼的协调性。

🦴 这样玩

1 妈妈将宝宝抱在怀里，让宝宝仰卧，面向妈妈，妈妈微笑着注视宝宝，以引起宝宝的注意。

2 妈妈提着毛绒球在宝宝眼前晃动，然后用毛绒球轻轻地在宝宝的脸上、脖子上擦拭，刺激宝宝用手抓球。

温馨提示

○ 玩游戏使用的纱线不要过细，不要伤到宝宝的小手。

手眼协调性

小手小手拍拍

发展能力

　　手部的发展和心智的发展是互相促进的，手部锻炼不仅能促进肌肉和运动智能的发展，还能促进宝宝大脑的发育。

这样玩

1　宝宝觉醒后，让他仰卧在床上或舒适地靠在妈妈身上。妈妈举起宝宝的两只小手，在其视线正前方晃动两下，以引起宝宝对手的注意。

2　一边说儿歌，一边轻轻拍动、摇摆宝宝的小手，让宝宝的视线追随手部运动。当念到"跑得快"时，以稍快的速度将宝宝的双手平放在宝宝的身体两侧。

温馨提示

○ 跟宝宝玩游戏的时间不要太长，要以宝宝开心、舒适为前提，每次重复三次即可。

知觉能力

3 个月的宝宝，认知能力已经有了良好的发育，比较喜欢重复能产生愉悦情绪的动作，如吸吮手指等。这时候，宝宝开始有分辨能力了，比如吸吮乳头和吸吮手指会用不同的方式。

知觉特点

第 3 个月，宝宝能区分来自不同方向的声音，并会主动寻找声源。这时，宝宝已经能分辨出不同人的声音，对亲近的人和陌生人的声音会做出不同的反应，特别是听到妈妈的声音会格外高兴。

这时的宝宝对红色非常敏感，其次就是黄色，一看到这两种颜色的物品就会很快做出反应。

这时的宝宝已经认识奶瓶了，一看到妈妈拿着它就知道给自己喂奶或喝水，于是就会非常安静地等待。

宝宝认知能力训练

宝宝睡醒后，妈妈要经常用手轻轻抚摸宝宝的脸、双手及全身皮肤，或用宝宝的手触摸面前的物体，以引起宝宝本能的抓握反射。

红色的屋顶，黄色的墙面，多漂亮的房子啊！

温馨提示

○ 爸爸妈妈一次只能教一种颜色，教会后要巩固一段时间再教第二种颜色。

宝宝仰卧时，可以把拨浪鼓放在宝宝手中，宝宝会看拨浪鼓，而不看其他地方，还能举起拨浪鼓看。

把较大或醒目的物体放在宝宝视野内，引起宝宝持久的关注。

认识红色

🌵 发展能力

培养宝宝的鉴别力和观察力，同时也培养宝宝对红色的认知力。

🌵 这样玩

1 放一件宝宝最喜爱的红色玩具，比如红色积木，反复告诉他："这块积木是红色的。"然后妈妈拉着宝宝的手从几种不同的玩具中拿出这块红色积木。

2 再拿出另一个红色玩具，如红色瓶盖，告诉宝宝："这是红色的。"然后，爸爸妈妈再将红布与红积木、红瓶盖放在一起，告诉他："这边都是红色的，那边都不是红色的。"但现在还不要说那边是白色的或黄色的，要将宝宝的注意力集中到红色上。

颜色辨认能力

引导宝宝感知天气

🌱 发展能力

让宝宝了解各种天气变化。

🌱 这样玩

1 在天气暖和时，经常带宝宝去户外看看太阳、白云、蓝天等。

2 在刮风、下雨、打雷或下雪时，抱着宝宝到窗边仔细听外面的声音，并告诉宝宝这都是什么天气现象，比如下雨时告诉宝宝"宝宝看看，下雨了，掉雨点了"，或让宝宝将小手伸出窗外，让小雨点落在宝宝的手上，帮助宝宝更直观地体会下雨的感觉。

3 遇到其他天气时，爸爸妈妈也一样多引导宝宝从视觉、听觉等方面感受天气现象。

温馨提示

○ 让宝宝感知天气时，一定要让宝宝直接接触自然。和宝宝一起感受天气，能让宝宝对世界的认知有更深的体会，并逐渐让宝宝养成经常观察天气的良好习惯，加深宝宝对天气变化的认知。

触觉能力
听觉能力

情绪控制与社交能力

当妈妈出现在宝宝面前时，宝宝会开心地笑起来。当有人走近宝宝时，宝宝就会有所反应。跟宝宝逗笑或轻触前胸、肚皮时，宝宝会笑出声来。

大家都来抱抱

发展能力

让宝宝对人有所感知和选择，并使宝宝对他人的亲切感和信任感能够迅速建立起来。

这样玩

1 奶奶抱着宝宝玩的时候，转手交给妈妈抱，宝宝会很喜欢。
2 下一次奶奶把宝宝转手交给爸爸的时候，宝宝会看一看妈妈然后继续玩。
3 重复上述练习，直到宝宝可以被所有家人抱。

反应能力
理解能力

小宝宝照镜子

🌱 发展能力

　　教宝宝认识身体，让宝宝和镜子里的宝宝交流，培养宝宝良好的情绪，提高宝宝的自我认识和与人交流的能力。

🌱 这样玩

1　给宝宝穿上色彩鲜艳的衣服，并将他带到镜子前面，让宝宝自发地触摸、拍打镜子中的自己和妈妈。

2　妈妈对着镜子做表情，让宝宝对着镜子模仿。

3　妈妈摸一摸宝宝的头、鼻子、眼睛等，并告诉宝宝每个部位的名称。分别抬起宝宝的手和脚，让宝宝在镜子里看。

4　妈妈还可以对宝宝说"宝宝看，镜子里的小宝宝在看我们呢"，也可以发出婴儿的声音跟镜子中的宝宝咿呀说话，以引起宝宝的注意。

温馨提示

○ 宝宝拥有一定的记忆力了，但不会持续太久。研究发现，3个月大的宝宝在间隔8天后，重新学习之前的内容所用的时间明显缩短，但如果间隔14天再次学习，就不会出现节省时间的现象。所以，爸爸妈妈要经常带宝宝重复做这个游戏，才能促进其脑部发育。

大动作能力

4个月

4个月大的宝宝要进行拉坐、抬头等大动作能力的训练。在这个阶段，宝宝的大动作能力会不断提高，而且宝宝做动作比以前熟练很多，还能够做对称性动作。当爸爸妈妈把宝宝抱在怀里时，宝宝的脖子能稳稳地挺直了。

拉坐练习

当宝宝仰卧时，妈妈可握住他的手，将他缓慢拉起，注意要让宝宝自己用力，妈妈仅用很小的力气，并且逐渐减小力气，或只让宝宝握住妈妈的食指拉坐起来。通过这个训练，宝宝的颈部能慢慢伸直，躯干上部也可挺直，能锻炼颈部和背部的肌肉，提高宝宝的臂力，为以后宝宝用手支撑身体做准备。

翻身练习

当宝宝仰卧时，妈妈可以拍手或用玩具逗引宝宝把脸转向侧面，并用手轻轻扶背，帮助宝宝转向侧面。当宝宝翻身转向侧边时，妈妈要用语言称赞他，并从侧面帮助宝宝转为俯卧，玩一会儿后再转为仰卧姿势。

多让宝宝感受大自然，看看草丛、蓝天、树林，体会生活的美好。

用前臂支撑

🎈 发展能力

在练习俯卧抬头的基础上，锻炼宝宝用手臂支撑全身的能力，让宝宝能够抬起胸部。

🎈 这样玩

1 给宝宝穿上宽松的衣服，让宝宝趴在床上，将他的两只胳膊放在胸前做支撑状。

2 妈妈站在宝宝面前，先呼唤宝宝或拿一个发音玩具，逗宝宝抬头，然后拿着玩具在宝宝面前晃动，引导宝宝用前臂支撑身体，帮助宝宝将胸部抬起并抬头。

温馨提示

○ 如果宝宝不能用前臂支撑，妈妈不要太着急，平时多抱抱宝宝，让其站立，多补钙，强健骨骼，慢慢地，宝宝就能用前臂支撑起身体了。

身体协调性

51

小马"驾驾"跑得快

🎈 发展能力

训练身体平衡力及声音节奏感。

🎈 这样玩

1 爸爸或妈妈坐在椅子或沙发上，让宝宝分开双腿坐在自己的腿上。

2 跟宝宝说会儿话，逗引宝宝。

3 慢慢地、轻轻地抖动双腿，同时哼唱："小宝宝，骑大马，驾驾驾，马儿跑得快，宝宝笑哈哈。"在唱到"驾驾驾"时，双腿抖动的力度、幅度加大一些，就像是马儿突然加速奔跑。当唱到"宝宝笑哈哈"的时候，双腿暂时停止抖动，高兴地左右晃动宝宝。

温馨提示

○ 爸爸或妈妈应抓紧宝宝的双手，避免宝宝从腿上摔下来。

○ 爸爸或妈妈在刚开始抖动双腿的时候幅度要小一些，然后慢慢加大幅度，以免宝宝一时不适应而产生抗拒。

身体协调性
反应能力

精细动作能力

宝宝在生长发育的过程中，小手其实会比小嘴先"说话"。宝宝往往先认识自己的手，许多时候，宝宝会盯着自己的手看个不停。手是宝宝认识世界的重要部位，需经过多次反复的触摸、抓握，在视觉、触觉与手部的运动之间发生了联系后，手和眼才开始逐步协调。

手臂活动训练

训练一

妈妈将玩具拿到宝宝胸部上方，宝宝看到玩具后，双臂会活动起来，但手不一定会靠近玩具，或仅有微微的抖动。如果将玩具放在桌子上，宝宝看到后主动挥举双臂，此时要鼓励宝宝去抓握玩具。

训练二

妈妈抱着宝宝靠在身前，爸爸在距离宝宝1米远处用玩具逗引。先让宝宝慢慢接近玩具，逐渐缩短距离，最后让宝宝一伸手就能触碰到玩具。如果宝宝没有主动伸手接近玩具，可引导他用手去抓握、触摸和摆弄玩具。

锻炼手部抓握能力

这个时期的宝宝，很喜欢在自己胸前玩手，对自己的双手产生了浓厚的兴趣，喜欢将两手握在一起，抓到东西喜欢放在嘴里，喜欢抓东西，抓起来后又喜欢放下或扔掉，喜欢将东西抓在手中敲打。

训练宝宝的抓握能力时，可以在宝宝的周围放一些玩具或在小床上方挂一些拨浪鼓、响铃、圆环等玩具，让宝宝看到并伸手就可以抓到，这样能使宝宝的手部抓握能力及手眼协调性得到锻炼。

准确抓握玩具

🎈 发展能力

培养宝宝抓握、触摸和摆弄玩具的兴趣，锻炼宝宝的抓握能力。

温馨提示

○ 最好给宝宝准备拨浪鼓、圆环类的玩具，便于宝宝手的抓握。

🎈 这样玩

1 在桌子上放些积木块、毛绒小老鼠、彩铃、拨浪鼓等容易抓握的小玩具。

2 将宝宝抱到桌面上，让他慢慢接近玩具，鼓励宝宝伸手去抓玩具。

3 也可以妈妈抱着宝宝，爸爸拿着玩具在宝宝面前晃动捏响，逗引宝宝伸手去抓。

触碰玩具

🔦 发展能力

让宝宝的双手更加灵活，提高手眼协调性。

🔦 这样玩

1 妈妈将宝宝抱在怀里，让宝宝仰卧，面向妈妈，妈妈微笑注视着宝宝，引起宝宝的注意。

2 妈妈拿着手抓球在宝宝眼前晃动，然后用手抓球轻轻地在宝宝的手上擦拭，刺激宝宝用手抓球。

温馨提示

○ 在玩游戏的过程中，手抓球不要选择过硬材质的，以免不小心伤害到宝宝的小手。

语言能力

　　4 个月大的宝宝在语言能力上有了一定的发展，逗引时他会非常高兴，并露出甜甜的微笑，嘴里还会不断发出咿咿呀呀的声音，好像在跟妈妈对话。有时，宝宝会以低音调的声音改变口腔气流，发出哼哼声和咆哮声。因此，爸爸妈妈一定要抓住宝宝的这一特点，开发宝宝潜在的语言能力。

结合身边物品跟宝宝说话

　　爸爸妈妈要多跟宝宝说话，最好是面对宝宝，结合身边的物品，一个字一个字地发出音节，如告诉宝宝"这是苹果""这是小猫咪"等。爸爸妈妈说话的时候要让宝宝看清自己的口形，这样他才能很好地模仿。如果经常这样做，宝宝有一天突然能说出一长串话就是很自然的事情了。

　　当宝宝说话时，即使是咿咿呀呀的声音，爸爸妈妈也要及时应答，这样会让宝宝愉快、兴奋，愿意再次发出声音。

鼓励宝宝发辅音

　　这时的宝宝会用口唇发出辅音，有时会自言自语地说"啊不"或"啊咕"。这时，爸爸妈妈也可同时呼应着宝宝说"啊不"，让宝宝多说点话。

爸爸可以大声、标准地发出"爸"的音，并用食指指着自己，跟宝宝说"这就是爸爸"，并尽量将照片和人物联系起来。在宝宝伸手去拍打玩具时，妈妈可以说"打打"或"拍拍"。

一般来说，宝宝知道大人喜欢听他发出声音时，就会使劲大声地喊叫，并有意识地把声音拉长或重复。此时，爸爸妈妈要多鼓励宝宝发音。

引导发音

🎈 发展能力

引导宝宝通过发出不同的声音来表达不同的要求，从而初步培养宝宝的语言能力。

🎈 这样玩

1 爸爸妈妈对着宝宝亲切、缓慢、清晰地说话，让宝宝清楚地看到口形。
2 试着对他发个韵母 ɑ（啊）、o（喔）、u（呜）、e（鹅）的音，逗宝宝笑一笑，玩一会儿，来刺激他发出声音。

温馨提示

○ 爸爸妈妈说话时口形一定要做对，否则会误导宝宝。

画

唐·王维

远看山有色，
近听水无声。
春去花还在，
人来鸟不惊。

一去二三里

宋·邵康节

一去二三里，
烟村四五家。
亭台六七座，
八九十枝花。

拔萝卜

🥄 发展能力

丰富宝宝的语言信息，让宝宝通过明快的语音节奏感受到语言的美妙，从而促进宝宝的语言发展。

🥄 这样玩

1 爸爸妈妈平时多积累一些儿歌，最好是三四个字为一句，节奏明快、单一的儿歌。

2 爸爸妈妈抱着宝宝，一边摇一边给宝宝唱歌。

温馨提示

○ 宝宝如对儿歌有所回应，像微笑、嘟嘟囔囔说几个字等，妈妈要及时鼓励，并多给宝宝读相同质感的儿歌。

拔萝卜

小花猫，拔萝卜，
拔不动，摔地上。
小黄狗，来帮忙，
大萝卜，晃一晃。
小黑猪，小山羊，
一齐来，有力量，
一二三，号子响，
拔出个萝卜粗又长。

睡着了

摇篮里，静悄悄，
小宝宝，要睡觉，
闭上眼，盖好被，
小宝宝，睡着了。

4个月大的宝宝视觉有了一定发展，开始对颜色有分辨能力了，对红色最为敏感，其次是黄色。宝宝也具备一定的辨别方向的能力，听到声音后，头能顺着响声转动。这时，爸爸妈妈一定要做好宝宝视力与听力的训练和培养。

鼓励宝宝注意声音

宝宝最喜欢听的是人的声音，尤其是妈妈的声音。此时的宝宝能对喜欢的音乐表现出愉快的情绪，而对讨厌的声音会表现出不快。

爸爸妈妈要想尽办法吸引宝宝去寻找前后左右不同方位的东西，以及不同距离的发声源，来促进宝宝方位知觉能力的发展，还可以让宝宝接触各种声音，促进宝宝的听力发展。

视觉培养

爸爸妈妈尽量让宝宝多看各种颜色的图画、玩具，并告诉宝宝物体的名称和颜色，这对宝宝对颜色的认知非常有帮助。还可以用发出声音的玩具来吸引宝宝转头，每天训练2~3次，每次3~5分钟，这样能扩展宝宝的视野。

金橘

紫薇

由近到远追视

发展能力

让宝宝学会远距离追视，为以后追着玩和爬行做准备。

这样玩

宝宝坐在桌子前或直接坐在地上，妈妈找一个颜色较鲜艳的回力车放在地上，拉动速度由慢至快，距离由近到远。

温馨提示

○ 妈妈移动回力车时，要让回力车始终在宝宝的视线内，先把回力车停在距离宝宝1.5米远的位置，让宝宝远距离注视一会儿，再往宝宝眼前移动。

触觉能力
反应能力

美丽泡泡飘啊飘

发展能力

有助于锻炼宝宝的视觉反应能力及运动能力。

这样玩

1 妈妈托抱起宝宝，一只手环抱宝宝腹部，另一只手托起宝宝的双手，跟随泡泡做抓的动作。

2 引导宝宝从不同的角度去看泡泡，可以说："宝宝，你看这是什么啊！你看看，是不是很漂亮啊！"

3 妈妈将溢出的泡沫捧在手中，让宝宝观察，可以尝试着让宝宝用手指触摸。

4 在宝宝玩得兴高采烈的时候，妈妈用扇子轻轻扇动泡沫，同时哼唱儿歌"小泡泡，真奇妙，五光十色真漂亮"，引导宝宝去看空中飘动的泡泡。

温馨提示

○ 宝宝用手指触碰泡泡后，要防止宝宝将手指塞入嘴中。

○ 用扇子扇泡泡时，应注意控制方向，不要朝着宝宝的方向扇。

感知
能力

爱玩是孩子的天性，父母要做的不仅仅是不压抑宝宝的天性，更应该培养和提升宝宝的感知能力。

让宝宝接近动物

无论是家里养的小宠物（小鸡或者鱼）还是大宠物（猫或者狗），都可以为宝宝提供与动物相处的经验。

亲近动物

发展能力

培养宝宝与动物相处的能力。

这样玩

如果家里养狗，在宝宝与小狗足够熟悉后，如果宝宝从外面回到家，小狗就会兴奋地向宝宝跑过来，这时宝宝就能理解，小狗是在欢迎他回家。

温馨提示

○ 在训练过程中，要注意宝宝的安全，不要让动物伤害宝宝。

青蛙

蜗牛

七星瓢虫

大象

抓小球

🌱 发展能力

　　培养宝宝的空间感知能力，同时提高宝宝的视觉能力与抓握能力。

🌱 这样玩

1　爸爸或妈妈抱着宝宝坐在床上，把一个小球递给宝宝，让宝宝伸手抓住。

2　在宝宝看着小手中的球时，妈妈轻轻用手指把球捅落到床上。

3　爸爸或妈妈捡起小球，再次放到宝宝手中，再用手指把球捅落到床上。

温馨提示

○ 在游戏中，宝宝看到自己手中的球掉落，会追视球掉落的路线，这样可以提高宝宝的手眼协调能力，更重要的是可以增强宝宝的空间感知能力，帮助宝宝明白事物的位置变化。

观察模仿能力

宝宝的模仿能力是与生俱来的。千万不要把宝宝当成什么也不懂的婴儿，宝宝的本领总是出乎父母意料的。父母要做的是鼓励宝宝观察并模仿。

捡扣扣

发展能力

通过训练，锻炼宝宝的观察能力。

这样玩

妈妈抱着宝宝坐在桌子前，在宝宝小手可以拿到的位置放扣子，观察宝宝是否可以注意到扣子的存在。妈妈用手拾起扣子，再放下，此时宝宝会模仿大人捡起扣子后再放下。扣子的数量可逐渐增加，样式也可逐渐增多。

温馨提示

○ 不要让宝宝把扣子放到嘴里。

手部动作能力

小车过山洞

🔦 发展能力

　培养宝宝观察和模仿力，开发创造性思维。

🔦 这样玩

1　妈妈抱着宝宝坐在垫子或地毯上，将报纸卷成纸筒。

2　拿起宝宝的小玩具汽车，逗引宝宝注意，然后将小汽车塞入纸筒。

3　在宝宝睁大眼睛看着的时候，妈妈将纸筒倾斜，让小汽车从纸筒内滑出。

4　协助宝宝完成2~3次上述动作，待宝宝熟悉后让宝宝自己动手玩。

温馨提示

○ 用旧报纸卷纸筒做山洞时，洞口直径要相对大一些，以便宝宝能较轻松地将小汽车塞进山洞。倘若难度太大，宝宝难以将小汽车放进山洞，就会失去对这一游戏的兴趣。

○ 用其他的物品，尤其是乒乓球等替代小汽车时，要防止宝宝吃、咬物品。

5个月

大动作能力

5个月大的宝宝，做各种动作都较以前更熟练了，而且俯卧时肩和上臂能呈90°。拿东西时，拇指较以前灵活多了，可以用手攥住小东西，如果妈妈轻声跟他讲话，他会露出高兴的神态。

靠坐训练

妈妈可以让宝宝靠着枕头、小被子、垫子等软的东西半坐起来。其实，宝宝是很喜欢靠坐的，因为靠坐比躺着看得远，双手还可以同时摆弄玩具。

宝宝靠坐时，妈妈应在旁边保护，不宜离开，以免宝宝因为用腿蹬踢，导致身体下滑而躺下，或者重心向左右偏移，身体倒向一侧。

练习翻身

宝宝仰卧时，头和胸部已经能够抬起，有的宝宝双腿甚至已经能离开床面了。此时，宝宝可以以腹部为支点，在床上翻身打滚了。

宝宝仰卧时，能抬起两腿并伸直，看自己的脚，还能从仰卧位翻滚到俯卧位，并把双手从胸下抽出来。

宝宝已经基本上学会翻身了，翻不过去时妈妈可以对他进行滚动练习。在帮助宝宝翻身的过程中，动作幅度不要太大，也不要太用力，以免弄伤宝宝的胳膊。

温馨提示

○ 刚开始练习的时间不能
  太长。

练习蛤蟆坐

💡 发展能力

让宝宝练习蛤蟆坐，锻炼颈部肌肉力量，促进胸椎曲度的形成，为独坐做准备。

💡 这样玩

1 让宝宝靠在枕头上坐起来，前面放几个宝宝喜欢的玩具。

2 当宝宝伸手去拿玩具时，由于宝宝头部太重导致身体会倾斜，这时宝宝会用双手支撑上身，使身体与床成45°，如同小蛤蟆一样坐着。

3 5~10分钟后，妈妈要及时把宝宝调整至仰卧位，以便让宝宝得到休息。

拉大锯，扯大锯

发展能力

活动宝宝的四肢，锻炼手臂、腿部的肌肉力量，提高肢体协调性及感知能力，促进宝宝大动作能力的发展。

这样玩

1 妈妈抱着宝宝在垫子上坐下，让宝宝坐在两腿中间。

2 抓住宝宝的手腕，双手交替，前后活动，并同时唱儿歌："拉大锯，扯大锯，姥姥家，唱大戏，妈妈去，爸爸去，小宝宝，也要去。"

3 休息片刻后继续步骤 2 的动作，并尝试把宝宝拉起。

温馨提示

- 这一游戏不仅可以帮助宝宝锻炼手臂、腿部的力量，提高肢体协调能力，还可以激发孩子的好奇心和兴趣去感知世界。
- 在玩游戏的时候，妈妈要注意循序渐进，先帮助宝宝放松上肢，不能一上来就尝试将宝宝拉起来。
- 游戏时间不要太长，一般来说每次玩 3 分钟左右较为适宜。

精细动作能力

5个月大的宝宝手的动作又有很大的提高，开始有了随意的抓握动作，并出现手眼的协调和五指的分化。这时期的宝宝，很喜欢在自己胸前玩弄和观看双手，对自己的双手产生了浓厚的兴趣，经常喜欢把两只手握在一起，喜欢抓东西，抓了东西喜欢放到嘴里，抓起来后又喜欢放下或扔掉，或者把东西抓在手里敲打。

沉沉浮浮抓玩具

🦴 发展能力

通过训练宝宝的抓握能力，提高宝宝的手部协调性。

🦴 这样玩

1 在小澡盆中给宝宝洗澡，将一些玩具小鸭子和玩具陀螺放在澡盆里。

2 妈妈将漂浮的玩具小鸭子摁进水中，等鸭子浮起来时，对宝宝说："呀，小鸭子会游泳。"

3 捞起沉在盆底的陀螺，再扔进水中，待陀螺又沉入水底时说"呀，陀螺不会游泳"，然后让宝宝也试试。

温馨提示

○ 注意控制游戏时间，不要让宝宝着凉。

拉一拉，玩具就过来

🎈 发展能力

锻炼手部力量，培养规则意识。

🎈 这样玩

1 让宝宝坐在垫子上，将绳子系在宝宝平时玩的玩具上，将玩具放在离孩子有一定距离的地方。

2 逗引宝宝，并且向宝宝示范：慢慢拉动绳子，让玩具自己过来。

3 将玩具放到原来的地方，绳子的一头放在宝宝身边，看宝宝是不是知道拉绳子取玩具。如果宝宝还是想爬过去拿玩具，再给宝宝多做几次示范，也可以将绳子放在宝宝手上，协助宝宝拉动绳子，将玩具拉过来。

4 宝宝熟悉后，让宝宝自己拉动。

> **温馨提示**
>
> ○ 在阻止宝宝爬过去拿玩具时，应注意方法，不可太过严厉，以免吓到宝宝，也不要因为宝宝哭闹而心软。

语言能力

宝宝语言的形成是一个极其复杂的过程，需要经过一段相当漫长的时间才能渐渐地成熟起来。通常，宝宝从不会说话到会说话要经历三个阶段，即学会发音→理解语言→表达语言。5个月大的宝宝正处在发音的初级阶段，这时的宝宝明显变得活跃起来，发音明显增多。

培养宝宝说话的兴趣

生活中，爸爸妈妈要创造良好的语言环境，将说话与教宝宝认识环境的活动结合起来，教他认识各种日常生活用品，如起床时教他认识衣服和鞋子、开灯时教他认识电灯、坐婴儿车时教他认识车子等，并多带宝宝外出开阔眼界，认识大自然，熟悉大树、花草、小动物等。

爸爸妈妈也可以边跟宝宝玩边唱儿歌，调动宝宝愉悦的情绪，促进宝宝多说话。

宝宝会说的话

宝宝在5个月大时明显变得活跃起来，发音明显增多，除发声母和韵母音外，还会说重复的连续音节，如"ma-ma-ma""ba-ba-ba"等。

宝宝现在会发的音虽然还没有实质的意义，但这些发音练习为以后正式说话和理解词句的意思做了铺垫。这时宝宝对自己发出的声音很感兴趣，常常会不厌其烦地反复出声。在大人的逗引下，宝宝甚至会发出尖叫声。

爱学习的宝宝

宝宝虽然不能说完整的句子，但他会在爸爸或妈妈和自己说话的过程中努力学习吸收语言知识，爸爸妈妈要意识到这一点，平时带宝宝玩时多和宝宝交流，教他并鼓励他发音，并且不要忽视宝宝每一次的发音。此外，爸爸妈妈也可以通过和宝宝一起唱儿歌、做游戏等方式，使宝宝对说话感兴趣，提高语言能力。

🎈 这样玩

1. 妈妈和宝宝面对面坐着，出示小白兔玩具，和宝宝进行互动，让宝宝初步了解小白兔的外形特征。
2. 妈妈扮演小白兔，边扮演边念儿歌，引导宝宝学说儿歌。

温馨提示

○ 在游戏中，家长要注意动静交替，避免一味地和宝宝进行单一的言语互动，这样对宝宝来说会马上丧失学习的兴趣。

小白兔

小白兔，白又白，
两只耳朵竖起来。
爱吃萝卜和青菜，
蹦蹦跳跳真可爱。

引导发音

🎈 发展能力

引导宝宝发出不同的声音来表达不同的需求，从而初步培养宝宝的语言能力。

🎈 这样玩

1. 爸爸或妈妈面对宝宝，让宝宝清楚地看到口形。
2. 爸爸或妈妈做出难过的表情，发出"呜（u）"的声音，或者做出开心的表情，发出"啊（a）"和"哈（ha）"的声音。

温馨提示

○ 爸爸妈妈在发音时，注意宝宝的嘴巴是否在跟着念，引导宝宝一起说。

妈妈会变脸

🎈 发展能力

有助于认知、识别及语言能力的训练。

🎈 这样玩

1 妈妈和宝宝面对面坐在床上或垫子上。
2 妈妈模仿各种动物的样子，并告诉宝宝是什么动物。例如，在模仿老虎的时候，说"嗷，我是大老虎"；模仿小猫的时候，说"喵喵，我是小猫咪"；模仿老鼠的时候，说"吱吱，我是小老鼠"；等等。
3 让宝宝模仿，宝宝会咿咿呀呀地学妈妈发出声音。

"喵，喵，我是小猫咪。"

听觉能力

5 个月大的宝宝，听觉已经有了很大的发展，听到声音后能很快地将头转向声源。

咚咚锵锵打击乐

发展能力

让宝宝多听各种不同的声音，熟悉生活中的声音，从而提高宝宝的听觉记忆能力。

这样玩

1 准备各种可发声的物品让宝宝创造声音。比如让宝宝自己拿着勺子敲盆发出声音。
2 爸爸或妈妈模仿动物的叫声。

温馨提示

○ 家长可利用各种玩具制造声音，只要宝宝觉得好玩，都会用心听。

记忆能力
认知能力

开始做点名游戏了

发展能力

让宝宝明白不同的声音代表不同的人，并将别人的呼唤和自己联系起来。

这样玩

1 5 个月大的宝宝一般都有小名了，没有的话可以给宝宝起一个。

2 爸爸妈妈在生活中尽量多呼唤宝宝的小名，让宝宝慢慢将大人的呼唤和自己联系起来。

3 宝宝习惯以后，每次听到呼唤就会有所反应，比如回头或抬眼看看，动一动小手，等等。

温馨提示

○ 如果宝宝对自己的名字没有反应，家长需要在不同的场合反复叫宝宝的小名，慢慢地宝宝就会将名字和自己联系起来了。

甜甜

当当

果果

硕硕

妞妞

小龙

丫丫

知觉能力

5 个月大的宝宝知觉能力发展最快，一饿了就开始哭。当宝宝的耳朵捕捉到妈妈的声音时，宝宝会停止哭泣或哭得稍微小声点儿。平时，爸爸妈妈要多让宝宝学抓或摸各式各样的物品，来培养宝宝的感触能力。

教宝宝认识日常用品

5 个月大的宝宝早上睡醒后能很快清醒过来，并且会立即起床。爸爸妈妈这时可以见到什么就跟宝宝说什么。

在这时要有计划地教宝宝认识他熟悉的日常事物。事实上，宝宝最先学会的是在眼前变化的东西，如能发光的灯、音调高的收音机、电动玩具、猫等。

学习、认识事物的时间

通常，宝宝学会认识第一种东西时要用 15~20 天，学会认识第二种东西时要用 12~18 天，学会认识第三种东西时用 10~16 天。但是，也有 1~2 天就会认识一件东西的情况，这主要取决于宝宝对东西感兴趣的程度。

一次认识一种东西

教宝宝认识东西，要一件一件地教，不要同时让他认好几种东西，以免延长学习的时间，只要教的方法得当，宝宝 5 个半月就能认识灯，6 个月就又能认 2~3 种物品，7~8 个月时，如果你问"鼻子呢"，他就会笑眯眯地指着自己的小鼻子了。

小刺猬

鲸鱼

小乌龟

认识台灯

发展能力

让宝宝听懂物品的名称，并能将声音与物体相联系，这是他日后学习语言的基础。

这样玩

1 从宝宝5个月起开始训练。妈妈抱着宝宝坐在桌子旁，用手拧开台灯。

2 妈妈可不停开关台灯，让它一会儿亮，一会儿灭，吸引宝宝的注意。

3 宝宝的目光注视台灯时，妈妈要说"台灯"，并拿着宝宝的手摸摸灯罩，即使宝宝没有反应，妈妈也要不停地重复。

4 让灯继续亮着，妈妈抱着宝宝离开桌旁，当宝宝的视线离开灯时，妈妈再说"台灯"，看宝宝是否回头看灯。宝宝认识台灯后，再进行吊灯与台灯的区分学习。

知觉能力
记忆能力

温馨提示

有的宝宝喜欢看会动的汽车或者猫猫，妈妈可以从宝宝感兴趣的事物入手，利用兴趣让宝宝认识更多的事物。

挠挠手脚心

发展能力

提高宝宝的触觉反应能力，促进宝宝触觉的发展。

这样玩

1 将宝宝放在床上平躺，脱掉宝宝的鞋袜。

2 妈妈将手洗干净，拉着宝宝的小手，用食指和中指在宝宝的手心里轻轻划动，给宝宝制造一种瘙痒感，宝宝会摇着小手躲开或攥住小手。

3 可用一小块黄瓜片或其他比较凉爽的东西代替食指，来丰富宝宝的触觉。

4 用同样的方法来刺激宝宝的脚心。妈妈可在做游戏时哼唱一些儿歌，如"小手心，大指头，划过来，划过去"等。

温馨提示

对宝宝的手脚心做适当的按摩有利于血液循环和气机运行。因此，爸爸妈妈可以经常给宝宝按摩手脚心。

观察记忆能力

5 个月大的宝宝记忆能力已经有了很大的提高，已经能记住爸爸妈妈告诉的一些动作和物体名称了，记忆力已经有很大的提高了。

练习开关

观察能力

💡 发展能力

训练宝宝的观察与记忆能力，从而达到开发宝宝右脑的目的。

💡 这样玩

1 向宝宝展示先打开盒子的盖子，再关上盖子的过程。重复几次。

2 将准备的东西，比如苹果、小球或其他喜欢的东西，依次放入盒中，盖上盖子。

3 鼓励宝宝自己打开盖子，寻找一样喜欢的物品。

温馨提示

○ 一开始如果宝宝打不开盒子，家长不要着急，可以先帮助宝宝一起打开，再让他自己完成。

会变玩具的魔术袋

🎈 发展能力

　　锻炼观察记忆能力，培养宝宝的空间感。

🎈 这样玩

1　将玩具放到色彩鲜艳的布袋中。

2　将布袋放到宝宝的眼前，轻轻地、慢慢地拉动，以引起宝宝的注意。

3　宝宝伸手抓住袋子后，妈妈帮助宝宝打开布袋，从中拿出玩具，每拿出一个玩具，就告诉宝宝这个玩具的名称。

4　还可以让宝宝自己把手伸进口袋，摸出玩具。此时，妈妈可以带着宝宝唱儿歌："神奇的口袋，让我伸手摸一摸，摸啊摸啊，摸啊摸，摸出一个（苹果）来！"

情绪控制与社交能力

5 个月大的宝宝在社交能力和情绪控制上已经有了很大的发展。在看到熟悉的人或事物时，宝宝能发出咿咿呀呀的声音，好像在对人说话。爸爸妈妈要提升宝宝的社交能力，保持良好情绪，让宝宝愉快地成长。

性格外向的宝宝

一般说来，性格外向的宝宝在遇到陌生人对其示好的时候，往往反应比较激烈，会大哭着挣脱陌生人的怀抱，试图得到妈妈的"救援"。

多带宝宝跟别人联谊

爸爸妈妈最好经常带着宝宝去别人家做客，最好能有与宝宝年龄相仿的小朋友，毕竟同龄宝宝之间的沟通障碍要小得多，渐渐让宝宝习惯这种沟道，从而提升交际能力。

及时安抚

宝宝认生时，妈妈要马上让宝宝回到他认为安全的环境，如将宝宝抱到怀里或放回婴儿车中，不要强迫他接受陌生人的亲热，这样只会让他更加紧张。

性格内向的宝宝

多接触陌生人

家长抱着宝宝，主动跟陌生人打招呼、聊天，让宝宝感受陌生人的友好。

尝试慢慢接近

拿出宝宝最熟悉、最喜欢的玩具，这样宝宝会慢慢转移注意力，从而缓解恐惧。

💡 多到户外去

　　平时要多带宝宝到户外，多接触陌生人和各种各样的有趣事物，开拓宝宝的视野。

让宝宝也来接待客人

💡 发展能力

　　帮助宝宝发展社交能力，缓解宝宝的怕生情绪。

💡 这样玩

1　当爸爸妈妈和别人聊天时，不妨让宝宝也参与进来。

2　抱着宝宝和客人打招呼，教宝宝伸出小手和客人握手，并教宝宝向客人说"你好"。

温馨提示

○ 宝宝会尝试用不同的方法与妈妈交流，甚至假装咳嗽来引起妈妈的注意。妈妈要从宝宝单纯热切的眼神中，读懂宝宝想与人交流的愿望。

反应能力
理解能力

给宝宝读儿歌

🌱 发展能力

给宝宝读儿歌，能帮助宝宝感受声音，增强理解能力，提高沟通能力。

🌱 这样玩

结合相关动作给宝宝读："一张脸（妈妈扶着宝宝的小手抚摸宝宝的小脸蛋），两只眼（抚摸宝宝的眼睛），一个鼻子（抚摸宝宝的鼻子），一张嘴（抚摸宝宝的小嘴）。"

温馨提示

◦ 这时候，宝宝虽然还不能理解爸爸妈妈说的话，但经常给宝宝读儿歌，能刺激宝宝的语言中枢，提高宝宝的语言理解能力。

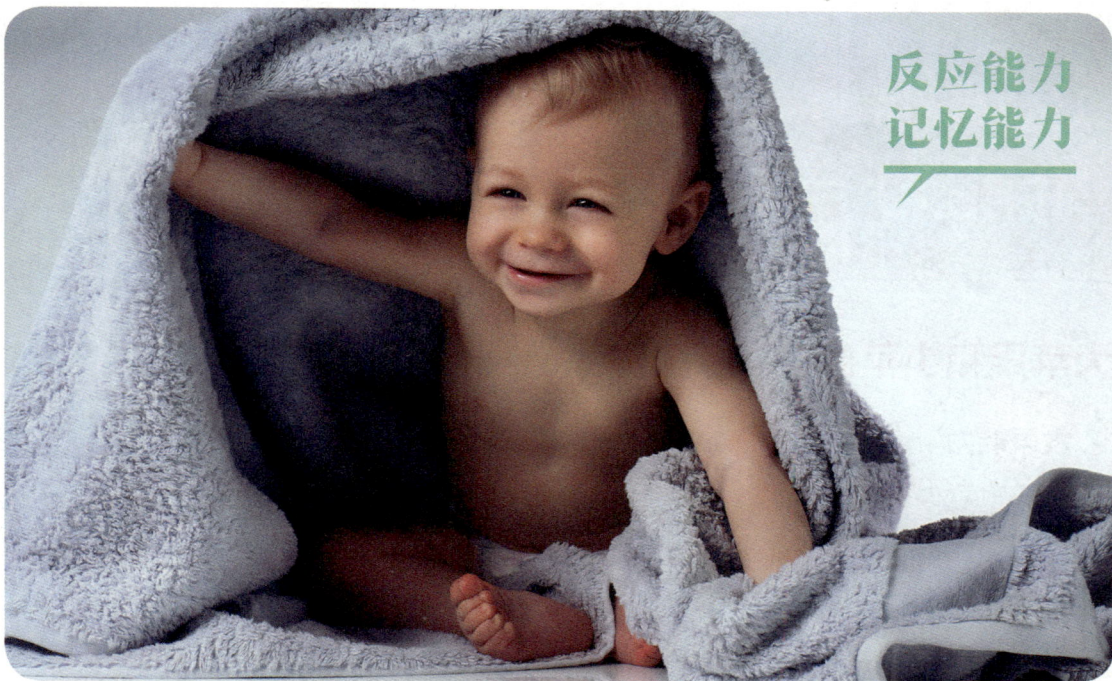

藏猫猫

🌱 发展能力

　　缓解宝宝的分离焦虑，提升探索能力。

🌱 这样玩

1　拿一条手帕或一件干净的衣服，妈妈先盖住自己的脸，让宝宝掀开。

2　妈妈轻轻盖住宝宝的脸，让宝宝自己拉开。

3　让宝宝自己藏进手帕或衣服里，由妈妈将覆盖物拉开。

4　让宝宝主动盖住自己，等大人来时，自己拉开逗人笑。

温馨提示

○ 5个多月的宝宝大多数能做到第2步，即让妈妈盖住自己，然后自己拉开同大人玩，个别宝宝能自己藏起来让大人寻找。

85

逻辑思维能力

大和小是很重要的数学概念，宝宝开始时可能很难理解它们。可先让宝宝认识"大"，引入"大"的概念，先不用提及"小"，但两个物体的比较还是需要的。

大苹果和小苹果

**认知能力
理解能力**

🥄 发展能力

训练宝宝对大小的感知。

🥄 这样玩

1 准备一大一小两个苹果和大小两个罐子（形状和颜色大致相同，大小差别要明显）。和宝宝面对面坐在地板上，苹果摆在宝宝面前。

2 妈妈对宝宝说："这是大苹果，那是小苹果。宝宝摸摸苹果。"

3 拿出 2 个罐子，依照上面的方法让宝宝摸一摸。引导宝宝将 2 个苹果分别放在大小不同的罐子里。

4 通过语言的重复来强化概念，如"这是大大的苹果，那是大大的罐子""把大苹果放在大罐子里"。

温馨提示

○ 爸爸妈妈可以用盒子或碗替换罐子，但不能用盘子等扁平器皿。宝宝放错大小苹果时，器皿本身能帮助他发现和纠正错误。

小兔子，吃萝卜

🌱 发展能力

有助于认知、识别及语言能力的训练。

🌱 这样玩

1　准备两个不同大小的小兔子玩具，再在纸板上画上两根萝卜，一根大的一根小的。

2　分别在宝宝面前举起两只小兔子，告诉宝宝"两只小兔子要来吃萝卜喽"，拿起纸板，给宝宝看萝卜，问"宝宝看，哪个萝卜大，哪个萝卜小啊"，为宝宝指出大萝卜和小萝卜，帮助宝宝理解"大"和"小"的含义。

3　和宝宝一起把大萝卜放在大兔子一边，小萝卜放在小兔子一边。

温馨提示

○ 比较聪明的宝宝当看见妈妈把大萝卜放在小兔子旁边时，会回头看妈妈，表示有异议。这个游戏可以帮助宝宝发展初步的数学意识。如果父母经常给宝宝示范，宝宝就会一边学说一边学做，还能促进语言能力的发展，一举两得。

6个月

宝宝长到6个月，试着站立时，腿部已经能支撑住身体的大部分重量。这时，可以让宝宝练习跳跃，以锻炼宝宝下肢的肌肉力量，为以后的爬行、站立、行走做准备。从现在开始，对宝宝进行直立跳跃能力的训练吧。

锻炼宝宝的平衡感

🎈 平衡感对宝宝的好处

平衡感对宝宝来说是很重要的，不仅能帮助宝宝保持身体平衡，形成空间方位感，还能锻炼宝宝的追视能力、专注力、阅读力、乐感、触觉和语言能力等。

🎈 做飞翔游戏来锻炼平衡感

宝宝到了6个月大时，就可以让他体验"高空"的感觉了。这时，爸爸可将两手并拢平举，让宝宝俯卧在自己的两只手臂上，两手分开做小飞机状。爸爸边唱歌边左右摇晃和走动。

除此之外，爸爸还可以躺在地板上，把宝宝抱到小腿上，让宝宝朝向爸爸，然后爸爸抓住宝宝的小手，上下移动双腿，还可原地打转，边做游戏边唱儿歌。整个游戏过程中注意抓牢宝宝。

训练宝宝蹬腿

🎈 蹬腿训练的好处

蹬腿可以帮助宝宝锻炼腿部肌肉力量和协调性，为将来的爬行、站立和行走做准备。在早期的发展阶段，宝宝需要通过蹬腿来加强下肢的力量和稳定性。这种蹬腿的行为有助于宝宝的运动发展，促进肌肉的成长和发育。

🎈 蹬腿训练方法

让宝宝面朝下趴卧，两腿稍稍弯曲，家长用一只手掌同时抵住宝宝的双脚。出于本能，宝宝会蹬腿，把自己往前推进。这个动作是腹部着地匍匐爬行动作的雏形。要让蹬踏运动发挥最大效力，可以让宝宝的双腿微微弯曲，接近挺直。每次运动时间可保持在半分钟到一分钟。短时多次最有效。

蹦蹦跳跳的小青蛙

🔦 发展能力

宝宝看到玩具会努力向前爬，去够玩具，有助于宝宝学习爬行。

🔦 这样玩

1 准备一个会爬行的青蛙玩具。
2 让宝宝趴在床上，将青蛙放在距离宝宝 1 米远的地方，让青蛙"呱呱"叫着动起来，宝宝会非常高兴地看着玩具，还会努力向前爬去够玩具。
3 让宝宝坐在床上，如果宝宝坐不稳，可倚靠枕头或其他东西。
4 将青蛙放在距离宝宝 1 米远的地方，宝宝可能会由坐位向前倾斜变成俯卧位，试图去够玩具，这样能促进宝宝运动能力的提高。

温馨提示

○ 给宝宝玩具前，要检查玩具是否有破损，因为掉下的碎片可能会被宝宝误食，也可能划伤宝宝的皮肤。此外，还要检查是否有易脱落的螺丝或其他部件，并注意玩具的清洁。

爬行大练习

🌱 发展能力

锻炼宝宝的四肢协调能力。

🌱 这样玩

1 在锻炼宝宝学习爬行时，要开辟出一块场地，可以在硬板床上，也可以在地板的地毯上。移去周围可能阻挡的东西，放任宝宝在上面自由地"摸爬滚打"。

2 在练习爬行的过程中，让宝宝的腹部着地。一旦宝宝能让腹部离开床面靠手和膝盖来爬行，就可以在他前方放一只滚动的皮球，让他朝着皮球慢慢地爬去，逐渐地他会爬得很快。

温馨提示

○ 对于刚学习爬行的宝宝来说，爬行是一项比较费劲的运动，所以要注意每次训练的时间不要太长，根据宝宝的兴趣，让宝宝每天坚持 5~10 分钟就行了。这样教一段时间，等宝宝的四肢协调好后，就可以手和膝盖协调爬行了。

语言能力

6 个月大的宝宝正处在语言能力发展的第二个阶段，也是连续发音的阶段，这个时候宝宝的语言特点是语句重复。宝宝已经有记忆力了，爸爸妈妈可以多用短句，说话时要让宝宝看到嘴型，以提高宝宝的模仿能力，提高宝宝语言学习的速度。

念儿歌

💡 发展能力

感受儿歌的节奏，增强宝宝对语意的理解。

💡 这样玩

妈妈抱着宝宝念儿歌，并随儿歌带宝宝做相应动作。

模仿能力
反应能力

小兔小兔跳跳，
小鱼小鱼游游，
小鸭小鸭摇摇，
小猫小猫喵喵。

温馨提示

○ 爸爸妈妈一边读儿歌，一边做出夸张的表情和动作给宝宝看，这样能够充分地带动宝宝的情绪。

小老鼠上灯台

🌱 发展能力

感受儿歌的节奏，增强宝宝对语意的理解。

🌱 这样玩

1 给宝宝看小老鼠的卡片，或者拿小老鼠玩具和宝宝一起玩，告诉宝宝："这是小老鼠，小老鼠最喜欢偷油吃了，小老鼠最怕大花猫。"

2 给宝宝绘声绘色地念下面的儿歌，念到"叽里咕噜滚下来"时，可以让小老鼠卡片或玩具做滚动的动作，帮助宝宝理解这句话的意思。

小老鼠，上灯台，
偷油吃，下不来，
喵喵喵，猫来了，
叽里咕噜滚下来。

给宝宝读报

🎈 发展能力

爸爸妈妈和宝宝一起读报，帮助宝宝感受声音，让宝宝长大之后更容易进行文学学习。

🎈 这样玩

爸爸每天在看报的时候，可以有意识地读给宝宝听。宝宝虽不能理解其中的意思，但是能感受到爸爸的声音和语调，这样能够激发宝宝的发音兴趣，并提高宝宝对文字的敏感度。

温馨提示

○ 这时候，宝宝虽然不能理解爸爸妈妈的话，但经常这样读报给宝宝听，也相当于和宝宝说话，能刺激宝宝的语言中枢。所以，爸爸妈妈应坚持给宝宝读报、讲小故事等，初步给宝宝建立一个良好的"读"书环境。

学习能力

知觉能力

宝宝在 6 个月大时，各种感触、智能都得到了全面的开发。这时，在爸爸妈妈的引导下，宝宝能够独立坐着，并能接近、触摸自己感兴趣的东西，甚至能把东西放到嘴里"品尝"了。

让宝宝记住自己的名字

6 个月的宝宝能够知道自己的名字。如果叫他没有反应，爸爸妈妈就应该告诉他"小满（宝宝的小名）是你的名字，这是在叫你啊"，然后再叫宝宝的名字，如果他有反应就鼓励他，抱抱他或亲亲他，这样反复几次，宝宝就能记住他的名字了。

带宝宝欣赏大自然

宝宝身体活动能力的发展，能扩大宝宝的探索范围，提供认识周围世界的机会，满足宝宝的好奇心。这时候，爸爸妈妈要带着宝宝去感受青草的生命力，看五彩缤纷的花草，听昆虫的鸣叫，让宝宝更深刻地感知周围的世界。

看，多么可爱的小鸟，头上还戴着红色的小花呢！

宝宝看，这是绿色带刺的仙人掌，可不要随便摸哟！

宝宝，这是向日葵，它会朝着太阳转呢！

94

左手爸爸，右手妈妈

💡 发展能力

让宝宝在游戏中对空间概念有个初步的认识与感知，促进宝宝空间知觉能力的发展。

💡 这样玩

1. 让宝宝坐在专属的椅子上，爸爸坐在宝宝的左边，妈妈坐在宝宝的右边。

2. 准备一个发音小玩具，如能捏响的鸭子或拨浪鼓等。

3. 妈妈拿着鸭子并捏响，吸引宝宝转头看妈妈和手中的鸭子，同时妈妈要告诉宝宝："妈妈和小鸭子在这儿呢，在宝宝的右边。"

4. 爸爸躲过宝宝的视线，将鸭子抢过来并捏响，等宝宝转头向左边看时，爸爸告诉宝宝："鸭子在这儿呢，在宝宝的左边。"

温馨提示

○ 如果宝宝分不清声音的发出方向，仍然将头转向妈妈，妈妈就指着爸爸，告诉宝宝："鸭子在那儿呢，在宝宝的左边。"爸爸也可以跟宝宝说："宝宝看左边，鸭子在宝宝的左边。"

宝宝，这是会唱歌的小鸭子和小熊！

儿歌操

🎈 发展能力

让宝宝通过儿歌提高数学感知能力；儿歌与动作相配合，能提高宝宝大运动能力、语言理解能力等。

🎈 这样玩

宝宝躺在床上，妈妈面对宝宝，拉住宝宝的小手，一边念儿歌"谁的尾巴长，谁的尾巴短，谁的尾巴打开像把伞"，一边拉着小手分别向身体两侧打开，再合拢在宝宝身前，两手相对，从身前经过头顶做环绕后双手分开放在身体两侧。妈妈再念儿歌，"猴子尾巴长，兔子尾巴短，孔雀尾巴打开像把伞"，重复上面的动作。

温馨提示

○ 宝宝刚开始接触长短的概念时可能不明白，需要爸爸妈妈引导多次才能理解，所以爸爸妈妈要有耐心，可以借助玩具帮助宝宝理解。

猴子尾巴长，兔子尾巴短，孔雀尾巴打开像把伞。

情绪控制与社交能力

宝宝在 6 个月大时，能够区分亲人和陌生人了，看见经常照顾自己的亲人会高兴，从镜子里看见自己会微笑，如果和他玩藏猫猫游戏，宝宝会很感兴趣。宝宝会用不同的方式来表达自己的情绪，比如哭和笑分别表示厌烦和喜悦。宝宝的认知能力已经有了很大的发展，与人的交往也有了很大进步。

宝宝的个性形成

现在的宝宝，有了自己独立的意识，开始认识到自己与妈妈是不同的个体，知道自己对周围的人和物会产生影响，甚至知道自己的名字了。于是，随着记忆力和意识的发展，宝宝的个性也在不断地发展。

让宝宝集中注意力

注意力是宝宝认知这个世界不可缺少的一大助力，集中注意力是宝宝认知能力的一种体现。宝宝能够集中注意力，认知效果就好，理解能力提高也快；注意力集中的时间越长，说明宝宝兴趣越是浓厚，认知的效率也越高。因此，很多家长都想方设法地帮助宝宝集中注意力。

扩大人际交往圈

爸爸妈妈要积极地用丰富的语调和语气与宝宝交流，逗宝宝笑。除了爸爸妈妈，还要让宝宝接触其他的亲戚朋友，这样会让宝宝变得开朗大方。

培养宝宝的自信心

爸爸妈妈可以在宝宝的周围多放些不同的玩具，让宝宝自己选择。在发现宝宝最喜欢的玩具后，故意将玩具放得离宝宝稍微远一点儿，逗引宝宝自己爬行伸手去抓取，等宝宝独自完成后，要及时给予表扬。时间长了，宝宝的自信心就会慢慢建立起来。

带宝宝去"做客"

发展能力

激发宝宝的交往热情，锻炼宝宝的交往能力。

这样玩

1 准备一个毛绒熊，放在床上。打扮好宝宝，告诉他："宝宝，咱们去做客了，去看熊宝宝。看宝宝打扮得多漂亮啊，咱们出发吧！"

2 妈妈抱着宝宝去床边，跟宝宝说："宝宝，咱们到了，进去跟熊宝宝问好。"然后，妈妈将宝宝放在大熊旁边，拉着宝宝的手和大熊的手，教宝宝说："熊宝宝好，我们来看你了。"

温馨提示

在"做客"期间，可以即兴增加一些内容，如扮演大熊跟宝宝对话等，让宝宝充分体会交流的快乐。

3 让宝宝跟熊宝宝玩一会儿，跟宝宝说："宝宝，咱们该回家了，跟熊宝宝说再见！"

**语言能力
想象力**

爸爸，妈妈

🎈 发展能力

锻炼宝宝对语意的理解和交流能力。

🎈 这样玩

1 宝宝玩耍时，妈妈说"爸爸回来了"，宝宝会马上转向门的方向，并撑起身体。

2 如果进来的是爸爸，宝宝会微笑；如果进来的不是爸爸，宝宝会回头看着妈妈。

3 当奶奶抱着宝宝散步时，妈妈走过来，奶奶说"妈妈来了"，宝宝会十分急切地伸头张望，看到妈妈后会举起双手扑到妈妈怀中。

温馨提示

○ 可以锻炼宝宝分清家人称呼的能力。宝宝学会"爸爸""妈妈"后可以再教他其他称呼。

知觉能力

事实上，不管多大的宝宝，都具有一定的学习能力，解决问题的能力最好从现在开始就培养。

丢球

发展能力

在训练中培养宝宝解决问题的能力，并提高宝宝右脑的创新能力。

这样玩

1 选择宝宝精力比较旺盛的时间，准备两个小皮球。

2 妈妈和宝宝各拿一个球，妈妈先把球丢出去，一边丢一边说："宝宝看，球球走喽。"

3 妈妈握着宝宝的手将球丢出去，说："宝宝的球也走喽。"

4 妈妈鼓励宝宝自己丢球，看他会不会改变方向。刚开始时宝宝可能不会，妈妈可以先示范。经过多次重复，宝宝慢慢就会了。

创新能力

宝宝，快来认识这些不同的小球吧！

温馨提示

○ 在训练过程中，注意让宝宝适当休息。

宝宝敲响鼓

🎈 发展能力

通过让宝宝敲击，锻炼宝宝手部的运动能力，培养宝宝手眼协调能力。

🎈 这样玩

让宝宝坐在妈妈身上，在前面放一个小鼓，给宝宝一根鼓棒，妈妈拿一根鼓棒，和宝宝一起敲击。宝宝不会时，妈妈可先示范，然后握住宝宝的手去敲，慢慢地，宝宝就会模仿敲鼓的动作。妈妈要边敲边语言跟进，让宝宝理解"敲"的意思。

温馨提示

○ 也可以让宝宝敲小玩具琴。

○ 5 个月大的宝宝一开始只会单手敲击。

观察模仿能力

宝宝具有很强的观察模仿能力，爸爸妈妈要在平时多注意培养宝宝这方面的能力。

小手拉一拉

🌱 发展能力

通过训练，让宝宝学习解决问题的方法，从而提高宝宝的观察模仿能力。

🌱 这样玩

1 妈妈和宝宝一起坐在地板上，在宝宝伸手可以够到的地方放一条毛巾，并在毛巾另一端上面放一件宝宝喜欢的玩具。

2 妈妈指着玩具说"宝宝，玩具在那里，快去拿"，观察宝宝用什么方式取玩具。

3 妈妈可以拉动毛巾取玩具给宝宝看，并对宝宝说"把毛巾拉过来就可以拿到玩具啦"，让宝宝模仿拉毛巾的动作。

温馨提示

○ 毛巾不要太长，避免宝宝拉毛巾时感到疲惫。

彩色"雪花"

发展能力

　　帮助宝宝学习观察，还能激发好奇心，活动双手。

这样玩

1　把几张彩纸剪碎放到盒子中。

2　让宝宝坐在地板上，把装有彩色"雪花"的盒子放在宝宝面前。

3　妈妈抓起一些"雪花"，手心向下，慢慢松开手掌，让"雪花"飘落下来。

4　鼓励宝宝也抓一把"雪花"，然后松手让"雪花"飘落。

5　反复引导宝宝玩这个游戏。

温馨提示

○ 这个月的宝宝可以辨认比以前更多的颜色，包括红、黄、蓝、绿等，不过宝宝大多比较喜欢红色，所以在游戏中会发现，宝宝对红色的"雪花"表现出更多的兴趣。

7个月

7个月大的宝宝能在床上独坐10分钟且无须用手支撑身体。宝宝已基本学会爬了，平衡能力越来越强，逐渐可以从趴到坐了。出生后七八个月是宝宝学习爬行的关键期，会爬的宝宝不但健康而且聪明，因此爸爸妈妈要帮助宝宝学会爬行。

锻炼爬行的益处

爬行对宝宝来说，是一项非常有益的运动，既能锻炼宝宝全身肌肉的力量和协调能力，又能增强小脑的平衡能力，这对宝宝日后学习语言和进行阅读都十分有益。

宝宝为爬行做的准备

在之前的五六个月，宝宝就开始为爬行做准备了，他会趴在床上，以腹部为中心，左右挪动身体打转，渐渐地学会匍匐爬行，但腹部仍紧贴着床面，四肢不规则地划动，且往往不是向前爬，而是向后退。到了七八个月大时，宝宝就会爬了。在宝宝真正学会爬行时，会用手和膝盖向前爬行，头颈部抬起，胸腹部离开床面。

宝宝爬行的三种类型

第一种，向后倒爬。

第二种，原地打转，只爬不前进。

第三种，匍匐向前，还不会用四肢撑起身体。

宝宝爬行的训练方法

🌱 帮助宝宝协调四肢

在教宝宝学习爬行时，妈妈可以拉着宝宝的双手，爸爸推起宝宝的双脚，拉左手的时候推右脚，拉右手的时候推左脚，让宝宝的四肢协调起来。这样教一段时间，等宝宝的四肢协调后，就可以用手和膝盖协调爬行了。

🎈 让爬行中的宝宝腹部着地

在练习爬行的过程中，让宝宝的腹部着地，能训练宝宝的触觉。触觉不好的宝宝容易怕生、黏人。一旦宝宝能将腹部离开床面靠手和膝盖来爬行，就可以在他前方放一只滚动的皮球，让他朝着皮球慢慢地爬去。

🎈 爬行困难的宝宝从学趴开始

有的宝宝爬起来比较困难，可以让他从学趴开始，在爸爸妈妈的帮助下慢慢学习爬行。其实，刚开始学爬的宝宝都有匍匐前进或倒着爬的现象，这是一个学习的过程，爸爸妈妈要有一定的耐心，多费点工夫来教导。

🎈 给宝宝爬行创造条件

在锻炼宝宝学习爬行时，要开辟一块场地，可以是硬板床上，也可以是地毯上，移去周围可能阻挡的东西，让宝宝在上面自由地摸爬滚打。

对于刚学习爬行的宝宝来说，爬行是一项比较费劲的运动，所以要注意每次训练的时间不要太长，根据宝宝的兴趣，让宝宝每天练习 5～10 分钟就行了。

龟兔赛跑

🎈 发展能力

训练爬行能力及培养参与感。

🎈 这样玩

1 先将宝宝平时喜欢的玩具放在垫子或地毯的另一端。

2 把宝宝放在垫子或地毯上，趴着。

3 妈妈也趴下来，对宝宝说："宝宝，咱们来比赛，看谁能先拿到玩具。"

4 在引导、鼓励宝宝爬行的时候，先让宝宝爬出一段距离，妈妈再开始追赶。

温馨提示

○ 选择软质、无棱角的玩具。

○ 将爬行的距离控制在 2 米左右。

○ 让宝宝爬到目的地才是游戏的真正目的，而不是真的看谁先拿到玩具。

爬行能力
触觉能力

语言能力

宝宝 7 个月大时，能发出"大大""妈妈"等音，能发出咳嗽声或咂舌声，对熟人发出声音的力量和兴奋程度与对陌生人发出的声音相比有明显的区别。

多跟宝宝交流

这个时期的宝宝，经常会主动与人搭话，爸爸妈妈和亲朋好友要尽量创造条件与宝宝交流对话，为宝宝创造良好的语言发展环境。随着语言能力的发展，宝宝的交往能力也会提高。

多跟宝宝玩发音游戏

爸爸妈妈可以跟宝宝面对面，配合生动的表情用愉快的语气和表情发出"啊－啊""呜－呜""咯－咯""妈－妈""爸－爸"等重复音节，吸引宝宝注意爸爸妈妈的口型，每发一次重复音节应停顿一下，给宝宝模仿的机会，这不仅能增强宝宝的初步记忆能力，还能发展宝宝的口语表达能力。

小宝宝，坐墙头

发展能力

反复练习有助于宝宝发育，并可增强其记忆力。

这样玩

1　妈妈坐在地板上，将宝宝放在屈起的膝盖上。
2　妈妈对宝宝说："我们开始唱歌啦！小宝宝，坐在墙头，笑啊笑啊笑笑笑。小宝宝，掉下墙头，哭啊哭啊哭哭哭。"
3　随着儿歌的节奏抬起脚尖，让宝宝有一种被弹起的感觉，当唱到"小宝宝，掉下墙头"时，伸直腿让他也"掉下来"，让宝宝感觉到"掉"，加深记忆。

宝宝，不许

发展能力

引导宝宝懂得"不"的概念，提高语言理解能力。

这样玩

开饭时，妈妈端来一碗热粥。妈妈对着宝宝做动作，在宝宝面前摇手，并说："粥烫，宝宝不能动。"如果宝宝不懂，还要动，妈妈要拉住宝宝的手，轻轻摸一下碗，让宝宝感觉到烫，然后再对宝宝说："宝宝摸了吧？烫吧？不摸！"几次后，再和宝宝说"烫"时，宝宝就不再伸手了。

视觉、听觉能力

此时，宝宝的视野会越来越广，听觉也会越来越灵敏，爸爸妈妈务必要做好视听觉能力的训练。

扩大视野

宝宝坐、爬动作的熟练，大大开阔了他的视野，宝宝能灵活地转动上半身，上下左右地环视，注视环境中一切感兴趣的事物。

听音乐和儿歌

爸爸妈妈可以给宝宝播放一些儿童乐曲，提高宝宝对音乐的理解能力。这种听觉训练有助于提高宝宝的注意力，保持愉快情绪。

丁零零，电话来了

🎈 发展能力

锻炼宝宝的听觉，调动宝宝说话的热情。

🎈 这样玩

1. 让宝宝靠坐在床上，妈妈坐在对面。妈妈扮演两个角色，演示妈妈和宝宝间的对话。
2. 妈妈拿起玩具电话，对着电话说"喂，宝宝在家吗"，然后帮宝宝拿起电话，说："丁零零，来电话了，宝宝来接电话了！"
3. 妈妈在"电话"中要尽量使用生活常用词，如"饿了""高兴""漂亮"等。

温馨提示

○ 妈妈通过打电话的方式能调动宝宝对语言的兴趣，帮助宝宝了解一种与人交流的新形式，提升其人际交往的能力。

喊到谁，谁就点点头

🎈 发展能力

　　锻炼宝宝的听觉注意力、语言理解能力及反应能力。

🎈 这样玩

1 给宝宝的玩具分别起名，如小金豆、小银豆等。

2 跟宝宝说明游戏规则：妈妈、宝宝，以及玩具小金豆、小银豆坐在一排，由妈妈喊名字，叫到谁的名字，谁就点点头。

3 妈妈先给宝宝做示范，喊"妈妈"，然后点点头。

4 一开始喊到小金豆、小银豆时，妈妈拿起相应的玩具，做点头动作。宝宝熟悉游戏后，可以让宝宝帮助其中一件玩具做点头的动作。

温馨提示

○ 在玩这个游戏之前，要先让宝宝熟知自己的名字。

○ 在宝宝没能按照游戏规则做的时候，要给予宝宝适当的惩罚，比如暂时不让宝宝参与到游戏中，在旁边看妈妈玩游戏。

数学学习能力

宝宝 7 个月大时，会辨别新鲜和非新鲜的事物，这能使宝宝灵活运用观察力和探索力。新鲜、好玩的东西容易引起宝宝的注意，但是宝宝对一件事物的新鲜感并不持久，由此可得出宝宝对外界事物有明显的分辨能力，这是培养宝宝数理能力的基础。

认识 "1"

🖐 发展能力

建立宝宝对数的概念。

🖐 这样玩

1 准备水果、饼干、糖果若干和字卡 "1" 一张。

2 妈妈拿出 1 块饼干或糖果，竖起食指告诉宝宝："这是 '1'。"

3 让宝宝模仿这个动作，再把食物给宝宝，并再次竖起食指表示 "1"，同时出示字卡，让宝宝认识 "1"。

记忆能力 观察能力

1 间房子

1 个菠萝

1 顶帽子

1 个草莓

大与小

🎈 发展能力

使宝宝初步理解大与小的概念，学习基本的生活常识。

🎈 这样玩

1 准备两顶帽子，一顶是宝宝的，一顶是妈妈的；准备两件衣服，一件是宝宝的，一件是妈妈的。

2 妈妈拿出两顶帽子，对宝宝说"一个大（举起大的），一个小（举起小的）"，然后先把大帽子戴到宝宝头上，宝宝眼睛都被遮住了，赶快换小帽子，说"哎呀真合适"。衣服的游戏也是如此。让宝宝通过多次游戏渐渐明白大与小。

观察模仿能力

为了提高宝宝的观察模仿能力，爸爸妈妈可以在日常生活中多为宝宝创造良好的环境，有意识地培养宝宝这方面的能力。

拍气球

🎈 发展能力

通过模仿可以让宝宝去思考事物之间的关系，提高宝宝的逻辑思维能力。

🎈 这样玩

1 宝宝和妈妈面对面坐着。

2 妈妈鼓起嘴，像一个气球，然后用手轻轻拍一拍，说"拍气球"，然后让宝宝也拍一下，反复做这个动作。

3 轻拍宝宝的脸，说："宝宝鼓气球，妈妈拍气球。"

温馨提示

○ 妈妈拍宝宝脸时，动作要轻柔。

逻辑思维能力

玩具对敲

🌱 发展能力

通过游戏训练宝宝进一步理解敲打的含义，同时提高宝宝手眼协调能力。

🌱 这样玩

1　妈妈递给宝宝两块积木，让宝宝双手分别拿一块积木。

2　妈妈手中拿两块积木对敲，边敲边语言跟进："敲……"

3　宝宝很快会模仿妈妈的动作，将手中的积木对敲。

情绪控制与社交能力

7个月大的宝宝在与人交往方面，有明显的"怕生"表现，对一些陌生的人或事物都会表现得很胆怯。实际上，这是宝宝认知能力的一大进步，爸爸妈妈要多训练宝宝的社交能力。

帮助宝宝克服怕生情绪

让宝宝熟悉客人后再靠近

如果家里来了宝宝不熟悉的客人，不要将宝宝立刻介绍给客人，也不要让客人马上抱他，不然会带给宝宝心理上的压力和不安全感，宝宝会因为紧张和惧怕而哭闹。可以先把宝宝抱在怀里，让宝宝有观察和熟悉客人的时间，慢慢消除恐惧心理，熟悉后宝宝就会高兴地和客人接近。如果宝宝出现了又哭又闹的行为，就要立即抱他离开，过一会儿再让宝宝靠近客人。

给宝宝熟悉新环境的时间

宝宝除了怕生人，还会对新环境感到惧怕。这时，爸爸妈妈要注意不要让宝宝独自一人待在新环境里，要陪伴他直到他熟悉以后再离开，让他对新环境有一个适应和习惯的过程。

多带宝宝接触外界事物

平时，爸爸妈妈要多带宝宝出去接触外界事物，多和陌生人交往，经常给宝宝玩新奇的玩具，能减轻宝宝怕生的程度，缩短怕生的时间。

读书能打磨宝宝的性格

给宝宝读书

宝宝偏爱读书活动，生来就有好奇心和探索欲，对外界信息接收得很快。在所有外界的信息中，父母的声音对他们来说是最美的声音。宝宝对图形和颜色的认知很早，从小就喜爱看色彩艳丽、图形鲜明、情节生动的图书，更喜欢家长将图书的内容讲给他听。

🍼 玩书是宝宝爱上读书的开始

玩书是宝宝爱上读书的开始。宝宝对手中的书本往往不是撕扯、摔打就是啃咬，但父母不要轻易放弃让宝宝读书，这会抑制宝宝阅读的愿望，对宝宝的发展不利。

🍼 将书放在宝宝的活动范围内

随着宝宝的长大，父母可将一些书放在宝宝的活动范围内，比如放在一个小书柜里，让宝宝自己去拿取、阅读和更换。

看，宝宝正在挥手说"您好"呢！

做个懂礼貌的乖宝宝

🍼 发展能力

礼貌是与人交往的基础，要让宝宝做一个有修养的好孩子。

🍼 这样玩

1 日常生活中，爸爸妈妈要有意识地教宝宝礼貌用语。

2 爸爸妈妈出门时向宝宝挥挥手，跟宝宝说："宝宝再见。"

3 家里有客人离开时，妈妈可拉着宝宝的小手边挥动边说："再见。"

4 有客人来时，爸爸妈妈可拉着宝宝向客人挥手欢迎，并说："您好。"

5 妈妈给宝宝喂饭时，教宝宝说"谢谢"等。

温馨提示

○ 妈妈从这时就要开始让宝宝学习如何与人交往，让宝宝耳濡目染，这样才能让宝宝在未来的人际交往中轻松应对，表现得大方得体。

克服"怕生"

🌱 发展能力

　　帮助宝宝克服怕生情绪，促进人际交往能力发展。

🌱 这样玩

1　家里来了宝宝不熟悉的客人，妈妈可把宝宝抱在怀里，温柔地安慰宝宝，消除宝宝的紧张情绪。

2　大人先交谈，妈妈抱着宝宝一起观察和熟悉客人，让宝宝慢慢接受客人的到来。

温馨提示

○ 如果宝宝又哭又闹，爸爸妈妈要立即抱他走远，过一会儿再让宝宝靠近客人。

8个月

8个月大的宝宝需要继续学习爬行，爬行能促进宝宝的生长发育。在爬行的过程中，要让宝宝的头颈部抬起来，胸腹部离地，用四肢支撑身体的重量，这样能锻炼宝宝的腹背部和四肢肌肉，促进骨骼生长。

先练习用手和膝爬行

当宝宝的两条小腿具备了一定的交替运动能力后，在他面前放一个吸引他的玩具。宝宝为了拿到玩具，很可能会使出全身的劲儿向前匍匐爬行。开始时，宝宝可能会后退着爬，爸爸妈妈要及时用双手顶住宝宝的双腿，使宝宝得到支持力而往前爬行，这样慢慢地，宝宝就能学会用手和膝盖往前爬。

再用手和脚爬行

待宝宝学会用手和膝爬行后，可让宝宝趴在床上，用双手抱住他的腰，把小屁股抬高，使小膝盖离开床面，小腿蹬直，两条小胳膊支撑着，轻轻地前后晃动宝宝的身体几十秒，然后停下来。每天练习3~4次，能增强宝宝手臂和腿的支撑力。

当宝宝的支撑力增强后，妈妈慢慢用双手抱住宝宝的腰，促使宝宝往前爬。一段时间后，可根据情况试着松开手，用玩具逗引宝宝独立向前爬。

尝试独立爬行

妈妈先整理出一块宽敞干净的地方，收起一切危险物品，四处随意放一些玩具，任宝宝在地上抓玩。妈妈最好让宝宝在自己的视线范围内活动，以免宝宝出现意外。

温馨提示

○ 也可让宝宝和其他同龄婴儿在铺有席子的地上互相追爬着玩，或抓推滚动的小皮球，或和大一些的宝宝在一起玩，让宝宝在游戏中不知不觉地学会爬行。

宝宝过隧道

🌱 发展能力

 锻炼宝宝的爬行能力。

🌱 这样玩

1 爸爸妈妈用枕头、毯子、被子等东西在大床上设置一个有障碍的小通道。

2 爸爸妈妈用玩具或语言逗引宝宝爬过这个通道。这时的宝宝四肢协调性比较好，能够将头颈抬起，让胸腹部离开床面，可在床上爬来爬去，翻过枕头和被子等障碍物。

温馨提示

○ 当宝宝爬这个通道时，爸爸妈妈要用语言鼓励、指导宝宝，跟宝宝对话，如"宝宝加油，快到小山了，加油爬过去""宝宝小心点，用手抓住被子"等。

**运动协调能力
反应能力**

听音乐，拍气球

🎈 发展能力

　　提升宝宝对于音乐的感受能力，培养宝宝的音乐节奏感，锻炼宝宝的肢体动作协调能力。

🎈 这样玩

1　在室内较为宽敞的地方放一把椅子，然后在椅子的正前方悬挂一只绑上铃铛的气球。气球的高度以宝宝伸手能轻松触到为宜。

2　妈妈抱着宝宝坐在椅子上，让宝宝面对悬挂的气球。

3　打开音乐播放器播放音乐，握住宝宝的小手，根据音乐的节奏轻轻拍打气球。

温馨提示

○ 气球不宜吹得过大，以免突然破裂吓到或伤到宝宝。

○ 在游戏的过程中，妈妈应当不断地鼓励宝宝，将自己快乐的情绪传递给宝宝，并尝试让宝宝自己拍打。

视觉能力
运动协调能力

情绪控制与社交能力

8个月大的宝宝开始注意观察大人的行动，根据大人的动作表达自己的情绪，同时宝宝能够感觉到妈妈的情绪。

宝宝情绪和社交能力的特点

满足宝宝逐渐形成的各种生理需求和认知需求，是保持宝宝情绪积极的主要条件，也是宝宝学会与人交往的基础。

以下两种方法能促进宝宝社交能力的形成和发展：

1 善于辨别宝宝的哭声，并做出回应。对宝宝来说，哭声是表达不满的主要手段。

2 培养宝宝对语音的感知能力。宝宝睡醒后，让宝宝看着周围的环境，并告诉他周围东西的名称及发生的事情。

不必担心宝宝认生

宝宝见到生人会显露出害怕、退缩和警觉的表情，有的还会哭闹，怎么都不愿意和生人接近，更不用说跟他玩或是抱抱他了。

其实，宝宝怕生、认生，是记忆力发展的一种表现。由于家人或朋友经常和宝宝接触，他们的模样已经在宝宝的脑子里留下了印象，宝宝记住了这些熟悉的面孔。而宝宝从没有见过的陌生人，形象与他记忆中的形象差别太大，所以宝宝会认生。

但是，随着宝宝接触的人和事物越来越多，以及心理素质的提高，怕生的现象就会逐渐消失，因此父母不必过于担心。

宝宝开始对镜子中的人感兴趣了。他到底是谁呢？动动、挠挠看看？哎呀，鼻子碰着鼻子了。这个游戏能帮助宝宝认识自我！

小宝宝照镜子

🎈 发展能力

　　教宝宝认识自己，让宝宝和镜子里的自己交流，培养宝宝的情绪控制能力。

🎈 这样玩

1　给宝宝穿上色彩鲜艳的衣服，并将他带到镜子前面，让他触摸、拍打镜子中的自己。

2　妈妈对着镜子做各种表情，让宝宝对着镜子模仿。

3　妈妈摸一摸宝宝的头、鼻子、眼睛等，并告诉宝宝每个部位的名称，然后分别抬起宝宝的手和脚，让宝宝朝着镜子看。

温馨提示

○ 爸爸妈妈要对宝宝每天见到的事物都耐心讲解一下，时间长了，会发现宝宝的社交能力提高了很多。

4　妈妈可以说"宝宝看，镜子里的小宝宝在看我们呢"，也可以发出婴儿般的声音跟镜子中的宝宝说话，以引起宝宝的注意。

宝宝学说话

🌱 发展能力

提高宝宝的语言能力与交往能力。

🌱 这样玩

1 爸爸妈妈要经常带宝宝外出游玩，比如去
公园或邻居家，给宝宝介绍不同的环境，
尽量争取和年龄相近的宝宝交流、做游戏
的机会。

2 爸爸妈妈可以教宝宝模仿大人说话和咳嗽
的声音，还可以训练宝宝发出"da-da"
的音。

温馨提示

○ 随着接触范围的扩大，宝宝听到和感受到的
内容也在不断增多，这不但为宝宝创造了语
言能力发展的条件，也提高了宝宝的交往
能力。

精细动作能力

8个月大的宝宝在精细动作能力方面有了长足的进步。宝宝坐在桌上，妈妈将爆米花等食物放在桌上，宝宝能用拇指和其他手指捏起爆米花了。让宝宝一手握一块积木，再递第三块，虽然宝宝不一定能取到，但爸爸妈妈要培养宝宝这方面的能力。

坚持学习表示"再见"和"谢谢"的动作

爸爸妈妈要经常教宝宝学习表示再见的动作，比如当爸爸上班要离开家时，妈妈让宝宝不断挥手。如此反复练习后，经过一段时间，宝宝见人离开时便会挥手表示再见。

在宝宝高兴时，还可以帮助他将双手对着握拳，然后前后不断摇动，表示谢谢，而后每次给宝宝玩具或食物时，宝宝都会拱手表示感谢，这样能丰富宝宝的交流性肢体语言。

训练拇指与食指对捏取物

先让宝宝练习捏取小糖果、爆米花等小的物品。在宝宝能够准确抓握的基础上，有意识地连续向他的一只手递玩具或食物，训练他将手中的东西从一只手换到另一只手上。尤其在喂辅食的时候，可以给予各种食物，让宝宝用手拿着吃。

在训练的过程中，爸爸妈妈最好和宝宝在一起，以免宝宝将这些小物品塞到嘴里或鼻腔里。

盒子里寻宝

🥄 发展能力

　　帮助宝宝学习用手指做捏盒子、捏玩具、握玩具等动作。

🥄 这样玩

1　准备一些小玩具放在一个抽屉样的硬纸盒里。
2　在宝宝的注视下，妈妈打开盒子拿出一件玩具。
3　妈妈演示几次后，将盒子递给宝宝，让宝宝试着打开盒子找玩具。
4　妈妈先在旁边指导，训练几次后就让宝宝自己打开盒子找玩具。
5　宝宝如果一时找不到玩具，妈妈要帮助宝宝完成任务，走到玩具旁引导宝宝寻找。

温馨提示

○ 妈妈给宝宝的盒子不要太大，而且要容易打开。当宝宝找到玩具时，妈妈应及时鼓掌加以激励。

观察能力
视觉记忆能力

虫儿飞

🌱 发展能力

通过手指尖的活动，锻炼宝宝手指分化能力，提高宝宝小手做精细动作的准确性。

🌱 这样玩

1 妈妈和宝宝面对面坐好。妈妈双手分别握住宝宝的食指，唱儿歌"虫虫飞，虫虫飞"，并帮助宝宝将左右手的食指碰撞一次。

2 妈妈唱"飞啊飞啊飞走了"，帮助宝宝做两手从中间向两侧飞走的姿势。

3 将步骤1~2的动作连续做3~5次后，尝试着放开握住宝宝的手，大部分宝宝会有意识地跟着儿歌做相应动作，表示想做游戏。此时，妈妈要给以相应的鼓励。

温馨提示

- 对8个月的宝宝来说，两手指尖的碰撞有一定的难度，因此妈妈应当有耐心，并且要予以积极的引导和鼓励。
- 做了两三遍介绍的动作后，妈妈应该尝试减轻握住宝宝手指的力量，让宝宝自己去做相应的动作，并慢慢地放开手。

语言能力

8 个月大的宝宝能听懂妈妈的简单语言，能把语言和事物联系起来。妈妈可以教宝宝认识更多的事物。妈妈想让宝宝认识一样东西，可以先让他摸摸，吃的东西可先让宝宝尝尝，然后反复告诉他这件东西的名称。

看图说故事

🖐 发展能力

用重复的字和鲜艳的图片开发宝宝的语言理解能力，并培养宝宝对图书的兴趣。

🖐 这样玩

1　妈妈可选一些构图简单、色彩鲜艳、故事情节单一的图画书给宝宝看，在他看不同的图画时，妈妈要念出物品的名称，如"这是西瓜""这是香蕉"等。

2　如果宝宝指着书上的某一幅画，一定要告诉他图画上物品的名称。

温馨提示

○ 让宝宝看图讲故事，也是训练宝宝开口说话的好方法。不过，现在的图书、图片在宝宝的眼里也仅仅是一种玩具，所以妈妈要和宝宝一起看，让宝宝慢慢亲近图书，培养阅读兴趣。

视觉能力 认知能力

西瓜 xīguā 英 Watermelon

我能帮助宝宝清热解暑。

香蕉 xiāngjiāo 英 Banana

我是能让宝宝开心的水果。

草莓 cǎoméi 英 Strawberry

我体内含有较多的维生素 C，能防止宝宝牙龈出血。

桃子 táozi 英 Peach

我富含的膳食纤维和有机酸能促进宝宝消化食物！

学叫爸爸妈妈

🌱 发展能力

通过叫"爸爸""妈妈",训练宝宝学会发双音节词。

🌱 这样玩

1　爸爸妈妈与宝宝面对面,用夸张的口形说"爸——爸"或"妈——妈"。这时宝宝会注意学着说"爸爸""妈妈"这样简单的词。

2　在爸爸要抱宝宝的时候,可引导宝宝叫"爸爸",如果宝宝做到了,爸爸要做出夸张的表情称赞宝宝,并把宝宝高高地举起,宝宝会非常兴奋。

温馨提示

○ 爸爸妈妈用夸张的口形教宝宝非常重要,宝宝喜欢模仿,通过长时间练习,咽喉肌肉逐渐发达,有助于发更多的音节。这个练习需要时间和耐心,爸爸妈妈不要急于求成,多练习几次,宝宝自然就学会了。

语言能力
模仿能力

唱儿歌

💡 发展能力

培养宝宝的听力和乐感，刺激宝宝多说话。

💡 这样玩

爸爸妈妈要抽空给宝宝放一些儿歌，或者自己唱歌给宝宝听。在唱儿歌时，要伴随着丰富的表情和动作，这样更能吸引宝宝。

温馨提示

○ 培养宝宝的语言能力时，爸爸妈妈也应注意培养宝宝的乐感。爸爸妈妈多给宝宝听优美的音乐和儿童歌曲，让他感受音乐艺术语言，感受音乐的美，用音乐来提高宝宝的智力。

语言能力
音乐能力

小鼓响

我的小鼓响咚咚，我说话儿它都懂。

我说小鼓响三响，我的小鼓咚咚咚，

哎哟，这不行，宝宝睡在小床中。

我说小鼓别响了，小鼓说声懂懂懂。

知觉能力

8个月大的宝宝除睡觉外，最常出现的行为就是一会儿注视这个物体，一会儿又看那个物体。宝宝对单词和短语非常感兴趣，日渐通达人情。慢慢地，大人叫他的名字时，他会有所反应。此时的宝宝会遵照大人的要求和吩咐去办一些事情了。

宝宝探险

💡 发展能力

提高宝宝听觉的灵敏度，促进其听力的发育。

💡 这样玩

1. 准备一个坐垫，每次给宝宝换尿布时，都尝试换一个地方。
2. 妈妈可以先问"宝宝今天想去哪儿换尿布呢"，再抱着宝宝和干尿布在房间里或阳台上走走转转，最好找一个能让宝宝看到新鲜事物的地方，这样才能分散宝宝的注意力。
3. 妈妈可以一边给宝宝换尿布一边介绍新环境周围都有哪些东西。

听觉能力
语言理解能力

温馨提示

○ 在给宝宝换尿布时，要注意周围的温度条件，不要让宝宝着凉。

认识小金鱼

💡 发展能力

帮助宝宝感受生命，提高自然感知能力。

💡 这样玩

把宝宝抱到鱼缸前，告诉宝宝，这是鱼缸。指着里面正在游动的金鱼告诉宝宝，鱼缸里面有金鱼在游泳。拿起宝宝的小手，让宝宝触摸鱼缸，并转到金鱼停留的位置，让宝宝轻拍鱼缸，然后告诉宝宝："宝宝看，金鱼被宝宝吓跑了。"

温馨提示

○ 鱼缸是帮助宝宝认识自然的好物品。通过游戏，宝宝可以感受到动物与植物之间的区别，从而感知有生命的物体与无生命的物体之间的区别。

大动作能力

9个月

9个月大的宝宝不仅会独坐，还能从坐姿换到卧姿了。宝宝也能扶着床栏站立，并能由站到坐。俯卧时，宝宝能用手和膝挺起身来。宝宝爬起后，会用手挑选自己喜欢的玩具，还常常会咬玩具。

扶站训练

在宝宝能够坐稳、会爬行后，就可以开始学着站起来。通过扶站训练，能锻炼宝宝腿部和腰部肌肉的力量，为以后独站、行走打下基础。

这时，爸爸妈妈可以扶着宝宝的腋下让他练习站立，或让他扶着小车栏杆、沙发或床栏等站立，并用玩具或小食品吸引宝宝的注意力，延长宝宝站立的时间。

此外，妈妈也可在宝宝旁边放一张椅子，上面放上玩具，然后逗引宝宝去拿玩具，鼓励宝宝先爬到椅子旁边，再扶着椅子站起来。

温馨提示

○ 除了站立和下蹲，还可以通过游戏引导宝宝扶桌子做弯腰、伸腿等动作，让宝宝学习控制自己的身体。

爸爸妈妈是宝宝学习站立最好的"拐棍"，必要时可站在宝宝旁边，让宝宝抓着爸爸妈妈的手站起来。

扶着桌子找妈妈

💡 发展能力

让宝宝学会控制自己的身体，为独自站立和行走打好基础。

💡 这样玩

1 让宝宝扶着桌子站稳，妈妈站在桌子的对面或侧面，告诉宝宝："看，妈妈在这里。"

2 当宝宝注意到妈妈时，妈妈躲到桌子底下，然后再喊道"宝宝，妈妈在哪里"，并诱导宝宝蹲下，然后在桌子下面对视。

3 "妈妈在这里"，妈妈从桌子下出来，站起来，说"宝宝，妈妈在哪里"，逗引宝宝也跟着出来。

小小船儿晃悠悠

🎈 发展能力

锻炼宝宝的胆量及身体平衡能力。

🎈 这样玩

1   先在浴缸中放入适量的水，然后把宝宝洗
    澡用的浴盆放到浴缸中，接半盆水。

2   将宝宝抱到浴盆中，边给宝宝洗澡，边唱
    童谣："小船儿，摇啊摇，摇到外婆桥，外
    婆夸我好宝宝……"

3   妈妈要根据童谣的节奏晃动浴盆。开始的
    时候宝宝可能会紧张、害怕，妈妈摇晃的
    力度和幅度要轻缓一些。

身体平衡
能力

温馨提示

○ 妈妈要控制好游戏的时间，避免宝宝因着凉
  而感冒。
○ 在摇晃浴盆的过程中，妈妈要注意保护宝
  宝，防止宝宝滑到浴缸中而呛水。

精细动作能力

宝宝到 9 个月大时，精细动作已经做得比较灵巧了，能用食指和拇指夹起小球或线头，能主动地放下或扔掉手中的物体。宝宝的手眼协调性也有了很大提高，不论看到什么都喜欢伸手去拿，能将小物体放到大盒子中再倒出来了。

训练对敲、摇动能力

妈妈可以拿给宝宝两块积木或两种性质的小型玩具，鼓励宝宝用一只手中的玩具去击打另一只手上的玩具，也可以给宝宝拨浪鼓或铃鼓，鼓励宝宝主动摇摆，欣赏悦耳的声音。这种训练能提高宝宝手的灵活性。

训练手眼协调能力

妈妈可在宝宝面前放一个盛满棒棒糖的玻璃罐子（其他东西也可），然后做示范，先将棒棒糖从罐子中取出来，再将棒棒糖放回去。反复练习几次后，宝宝就可以熟练地把棒棒糖拿出来了。这个训练可以提高宝宝手部动作的准确性和手眼协调能力。

抓"飞碟"

🥄 发展能力

培养宝宝手眼协调能力和捏取东西的能力。

🥄 这样玩

1 准备一些扔向空中后能缓缓落下的东西，如丝巾、小手绢、气球等。

2 妈妈和宝宝坐在地板上，将丝巾等东西扔到空中，并开心地喊："'飞碟'飞起来了！"

3 当丝巾落下时，举起胳膊去抓它，然后再扔出去，鼓励宝宝去抓取，并说："'飞碟'降落喽，宝宝快来抓住它！"

温馨提示

○ 妈妈可以故意将丝巾往宝宝的头顶扔，让丝巾正好落到宝宝胸前，也可教宝宝张开双臂，让丝巾落到他的怀中，引起宝宝的兴趣。等宝宝玩熟练了，不妨也让宝宝来扔，妈妈宝宝一起来抓取。

挖宝藏

🎈 发展能力

训练手指抓握动作的协调，激发探索求知欲。

🎈 这样玩

1 将黄豆倒入脸盆中，最好装上半脸盆，然后将玩具埋在黄豆中。

2 妈妈让宝宝坐在脸盆前，有意识地引导宝宝在黄豆中找玩具，比如可以自己先将手伸进黄豆中，摸出一个玩具后，在宝宝眼前晃晃，高兴地说："宝宝，你看这是什么啊？"

3 妈妈将摸出的玩具再次放入黄豆中，鼓励宝宝找出来。

4 宝宝将玩具全部找出来后，游戏结束。

温馨提示

○ 控制好游戏时间，以10分钟左右为宜。

○ 看护好宝宝，防止宝宝将黄豆放入嘴中。

○ 宝宝找到玩具后，妈妈应当表现出很高兴的样子，并予以鼓励。

9 个月的宝宝认知能力已经很强，开始有物体存在的概念。宝宝开始认识自己的身体部位，能非常清晰地记住自己的五官。这说明宝宝的认知能力已经上了新台阶，要注意多培养。

挠挠小手小脚

妈妈用手摇摆宝宝的小手小脚，并用手挠挠宝宝的手心和脚心，来引导宝宝去注意自己的手和脚。教宝宝认识自己的手和脚，能使宝宝注意自己的四肢，发展自我意识。

教宝宝学习吃东西

帮宝宝准备一些爆米花、饼干、碗、盘子、杯子和勺子，再将饼干放到盘子中，鼓励宝宝自己用手拿饼干吃；将爆米花放碗里面，让宝宝拿着勺子舀爆米花。此外，还可以让宝宝拿着杯子喝水，先由妈妈扶着杯子喂，再让宝宝自己拿着杯子喝。

温馨提示

○ 妈妈要多跟宝宝玩这样的游戏，能帮助宝宝认识五官，感受到五官的存在，还能增进宝宝和家人的亲密感。

我有一双小小手

我有一双小小手
（妈妈将宝宝小手举起），
一只左来一只右
（举起相对应的小手）。
会洗脸、会梳头
（做洗脸、梳头的动作），
自己的事情自己做
（再将双手举起）。

找豆豆

🥄 发展能力

　　训练空间感知能力、观察能力和逻辑思维能力。

🥄 这样玩

1　找一个带塞子的瓶子（塞子方便旋转拔拉），在里面装上彩色小豆或纸条。
2　妈妈示范把塞子拔出，将里面的物品倒出。
3　让宝宝进行模仿。

温馨提示

○ 与宝宝玩找豆豆游戏，能逐步培养宝宝的空间方位感，让宝宝感知"里"与"外"的空间概念。

拆装套塔

🎈 发展能力

　　培养视觉记忆能力及独立解决问题的能力。

🎈 这样玩

1 爸爸或妈妈给宝宝拿来一套套塔，并坐在宝宝能看到的地方。

2 爸爸或妈妈给宝宝示范拆开套塔，引导宝宝动手操作，并注视宝宝。

3 宝宝完成拆分套塔后，爸爸或妈妈要及时鼓励表扬。

温馨提示

○ 这个游戏能培养宝宝独立的性格，使宝宝从仅仅依恋妈妈转变为对外界事物也感兴趣，为日后独立生活打下基础。

○ 在宝宝玩耍的过程中，爸爸妈妈一定要始终在宝宝看得见的地方，给宝宝安全感。

摸摸小鼻子

🔦 发展能力

　　教宝宝认识鼻子，通过这种方法还可以认识耳朵、眼睛、嘴巴、小手和小脚。

🔦 这样玩

1 妈妈抱着宝宝或让宝宝仰卧在床上，与宝宝的视线相对，问"宝宝的鼻子呢"，用手指轻轻点宝宝的小鼻子，说："啊，宝宝的小鼻子在这儿呢！"

2 再次与宝宝视线相对，问"妈妈的鼻子呢"，拿起宝宝的小手，让宝宝触摸妈妈的鼻子，告诉宝宝："妈妈的鼻子在这儿呢，这是妈妈的鼻子。"

3 靠近宝宝，轻轻地和宝宝碰鼻子。

宝宝鼻子小，
妈妈鼻子大。
两个鼻子轻轻碰，
宝宝乐得笑哈哈。

触觉能力
记忆能力
空间认知能力

10个月

10个月大的宝宝能扶着栏杆自己站起来；扶着宝宝站起后再松开手，宝宝能独自站立片刻。让宝宝扶着椅子、床沿或小推车，鼓励其迈步，宝宝能迈几步。这时，爸爸妈妈要加强宝宝的腿部力量，为以后的迈步和走路做好准备。

让宝宝学站立

在训练宝宝站立时，要循序渐进。最开始时，爸爸妈妈可用双手支撑宝宝的腋下，让其练习站立。当宝宝站得较稳后，可让宝宝扶着床栏站立。慢慢地，宝宝就能扶栏而立，并能自如地站起、坐下了。

逐渐放手让宝宝独自站立

宝宝刚开始学站立时，爸爸妈妈应注意给予保护，同时要注意检查床栏，防止发生摔伤、坠床等意外事故。在大人的严密保护下，可以松手让宝宝站立1~2秒，慢慢地可站得稍微久一点，几乎在宝宝学习独自站立的同时，宝宝也可以学习扶着东西走了。

爸爸妈妈可以在宝宝前方放一些玩具或零食逗引，让宝宝学着迈步，移动身体。当宝宝具备了独站、扶走的能力后，学会走路就是指日可待的事情了。

站起、坐下、翻滚训练

10个月大的宝宝能有意识地从站到坐，并能控制自己坐下时不跌倒，还能由坐位转换为俯卧位，或由俯卧位转换成坐位。将宝宝放在活动栏内，训练宝宝由坐位扶栏杆站起，接着让宝宝蹲下去拾玩具，拾了玩具再练习坐下，最后练习从坐位趴下变成俯卧位，继而训练翻身、打滚。

温馨提示

○ 在让宝宝做站立和迈步的练习时，爸爸妈妈要在旁边保护宝宝，不要过分害怕宝宝摔倒，只要保证没有危险就可以了。宝宝如果摔倒了，就鼓励他自己爬起来，在摔倒与爬起来的过程中，宝宝会学会维持身体平衡。

牵双手迈步

🎈 发展能力

让宝宝练习向前方迈步，为独立行走做准备。

🎈 这样玩

1 妈妈双手牵着宝宝，两人都面向前方。

2 妈妈向前迈左脚，并引导宝宝也跟着迈左脚；妈妈向前迈右脚，同时引导宝宝也向前迈右脚。妈妈可以一边迈步一边数数。

温馨提示

○ 妈妈的动作不要太快，要有耐心。

协调能力

蹲下捡东西

🥄 发展能力

通过捡东西，可以帮助宝宝学会平衡身体，锻炼身体各个部位的协调能力。

🥄 这样玩

当宝宝已经可以单手扶东西走路时，妈妈可将玩具放在宝宝脚旁，引导宝宝蹲下去捡玩具，宝宝会一只手扶着东西蹲下，另一只手云捡玩具，然后再站起来。

温馨提示

○ 有的时候宝宝可能会因为着急捡玩具而摔倒，妈妈要在一旁仔细看护，保护宝宝的安全。

10 个月大的宝宝，能模仿爸爸妈妈发出 1~2 个字音，如爸爸、妈妈、拿、走等，能有意识并正确地发出相应的字音。此外，宝宝还开始会说一些由 2~3 个字组成的词或句，但说得含糊不清。

跟布娃娃说话

发展能力

经常给宝宝提供练习的机会，让宝宝在快乐的氛围中学习语言，能促进宝宝语言能力的发展。

这样玩

1 爸爸妈妈将纱巾挂在床中间作"帷帐"，搭成一个小戏台。

2 爸爸和宝宝在前面看，妈妈拿着布娃娃从帷帐后面出来，说"我是小小布娃娃，我快 1 岁了"等，并摇着布娃娃跳来跳去。

3 爸爸指导宝宝与布娃娃对话，比如"我是天天，我 10 个月大了，布娃娃你叫什么名字啊？"

4 爸爸妈妈要及时鼓励宝宝，让他随意和布娃娃对话，并根据宝宝的反应灵活变换游戏内容，让宝宝在游戏中体会语言的乐趣。

听觉
能力

温馨提示

○ 在玩"跟布娃娃说话"的游戏时，宝宝可能只是咿咿呀呀地答应，妈妈一定要应和宝宝，不能急于求成。妈妈说台词时，一定要慢，这样有助于与宝宝进行互动。

五官歌

发展能力

语言刺激及手指与五官的接触，既能让宝宝对五官及其功能有所认知，又能让宝宝建立起语言与动作之间的联系，并提升宝宝的反应能力。

温馨提示

要想让宝宝记住并认清五官，不是做一次游戏就可以的，需要多次重复，因而妈妈需要有一定的耐心。

这样玩

1 妈妈和宝宝面对面坐下，也可以抱着宝宝。妈妈指着宝宝的眼睛，引导宝宝用手点指自己的眼睛，并说："眼睛，小小眼睛看得清。"

2 接着指鼻子，引导宝宝点指鼻子，并说："鼻子，小小鼻子闻花香。"

3 接着指嘴巴，引导宝宝点指嘴巴，并说："嘴巴，小小嘴巴吃东西。"

4 接着指耳朵，引导宝宝点指耳朵，并说："耳朵，小小耳朵听声音。"

5 在重复做上述步骤1~4的动作3~5遍后，宝宝对眼睛、鼻子等器官有了一定的认知，妈妈便可以将上面的动作和儿歌连起来一起做和唱，并引导宝宝根据儿歌内容点指自己的五官。

触觉能力

10 个月大的宝宝能熟练地用拇指和食指的指尖捏住小碗及其他小物品了，完成这种高难度的动作标志着宝宝大脑发育已经达到较高水平。

感知温度

🌱 发展能力

加强宝宝对温度的认知，促进触觉的发展，提高各种器官的配合和应对能力。

🌱 这样玩

1 爸爸妈妈可以在开饭时训练宝宝，比如刚出锅的粥或面条往往会很烫，就告诉宝宝"烫"。

2 爸爸妈妈可以握着宝宝的手，让他伸出食指轻轻地摸一下碗后马上拿开并说"烫"，这样宝宝就知道什么是"烫"了。

温馨提示

○ 宝宝的肌肤比较娇嫩，对温度更加敏感，所以碗的温度不要太高，以免烫伤宝宝。

妈妈先让粥凉一会儿，再拿给宝宝碰触，以免烫伤宝宝。

神奇橡皮泥

🎋 发展能力

这个游戏有助于手部触觉的训练及想象能力的开发。

🎋 这样玩

1 妈妈带着宝宝坐在橡皮泥玩具前，帮助宝宝打开橡皮泥包装纸。

2 用手捏橡皮泥，捏出一个有趣的形状，并鼓励宝宝去捏橡皮泥。

3 将橡皮泥按到模具中，然后取出来，问宝宝这是什么。例如，按出来的图案或形状是苹果，先不要说是苹果，而是说其他的水果——桃子、梨、西瓜……然后再说苹果，看宝宝会不会点头，或者用含糊不清地回答"是"。

4 把橡皮泥和模具交给宝宝，妈妈在一旁协助。宝宝每按出一个图案或者物品的形状后，妈妈就使用步骤 3 的方法，引导宝宝。

温馨提示

○ 在做游戏的过程中，妈妈一定要看好宝宝，防止宝宝将橡皮泥塞到嘴里，吃掉橡皮泥。

情绪控制制与社交能力

宝宝在 10 个月大时，已经能意识到搂抱在感情交流上的重要性，为了得到爸爸妈妈或其他大人的拥抱，宝宝甚至会主动抱人。这时的宝宝不再是一个被动的感情接受者了，见到生人也不会惶恐不安了，有时还会主动与人逗笑。

培养独立能力

首先，在确定宝宝所处环境安全的前提下，要鼓励其独自玩耍，让宝宝养成独自玩耍的习惯，但要时时查看宝宝的情况。此外，还要鼓励宝宝独自去做一件事，在宝宝掌握一个新的动作或新的技能时，要给予充分肯定。

不要骄纵宝宝

如果宝宝一哭闹得厉害，家长就照着他的意愿去办，时间长了，宝宝就会觉得哭闹能让自己的愿望得到满足，慢慢就会骄纵、任性起来。所以，爸爸妈妈在培养宝宝时，必须让宝宝学会自制和忍耐，不行就是不行，不能做的就是不能做，可以给宝宝一些其他的玩具，转移他的注意力。此外，要将宝宝的安全放在首位。当宝宝想把食指往电器插座上放或乱动煤气开关时，爸爸妈妈要严厉管教，使其明白有些东西是不能碰的，慢慢

地宝宝就不会乱来了，其个性和情绪都会朝着好的方向发展。

培养宝宝的社交能力

婴幼儿时期的社交能力开发，取决于妈妈温柔的眼神和脸色及母子之间密切的肌肤接触。母子互动，爱的传递使母子连心，是帮助宝宝健康成长的最好办法。

爸爸妈妈要多爱抚宝宝、拥抱宝宝，让他时刻感受到爸妈对他的爱，并且懂得回报、表达自己的爱。注意训练宝宝模仿大人交往，比如见到邻居和亲友，爸爸拍手给宝宝看，妈妈握着宝宝的双手拍，边拍边说"欢迎"。

分享意识

请奶奶吃水果

🥄 发展能力

　　培养宝宝与人进行情感交流的能力，增强社交能力。

🥄 这样玩

1　妈妈将一块水果拿给宝宝，并且跟宝宝说："给奶奶，拿给奶奶吃。"

2　由于宝宝第一次不太熟悉，会不知道怎么做，所以请妈妈抓着宝宝的手，将水果递给奶奶。

3　妈妈可称赞说"宝宝好乖，长大了"，宝宝会因为受到称赞而满心欢喜。

温馨提示

○ 生活中，家长一有机会就应该注意培养宝宝的分享意识，让他拿东西给除爸爸、妈妈外的长辈吃，教导宝宝学会分享。

玩过家家

🥄 发展能力

　　用有趣味性、形象的物品吸引宝宝，延长宝宝的注意时间，培养对事物的观察能力，还能发展动手能力，提高手指的灵活性。

🥄 这样玩

1　准备一套餐具、一个玩具娃娃，以及其配套的鞋子、袜子等。

2　爸爸妈妈一边说话一边玩过家家的游戏，让宝宝在旁边看着，比如给娃娃穿衣服、系扣子、穿鞋子、扎头发等，也可喂饭。

3　妈妈对宝宝说："宝宝，爸爸妈妈给娃娃喂好饭了，现在娃娃要出去玩，该给娃娃换衣服了，换好后我们带娃娃出去玩。"妈妈给娃娃换好衣服后再给宝宝换衣服。

温馨提示

○ 过家家的游戏有很多不同的内容，每次最好只选择一部分，具体内容的多少根据宝宝的接受情况来定。

11个月

学会行走意味着宝宝的活动范围、接触范围及视力范围较以前广多了，增加了对脑细胞的刺激，对宝宝智力发育有很好的促进作用。所以，到了宝宝该学走路的时候，爸爸妈妈应开始大胆地锻炼宝宝独立行走的能力。

宝宝学走路的四个阶段

出生后 11 个月是宝宝学习走路的最佳时期，爸爸妈妈要进行合理的引导与训练。

1 〈 **单手扶物** 〈

当宝宝能单手扶物，或是能离开支撑物独自站立时，就意味着宝宝已经具备了独自站稳的能力。

2 〈 **蹲下站立** 〈

如果宝宝能够单手，最好是双手离开支撑物，蹲下捡起玩具后可以顺利地站起来，并且能够保持身体平衡，就说明宝宝已经到了学习走路的最佳时期。

3 〈 **扶持迈步** 〈

妈妈离开宝宝一段距离，用玩具吸引宝宝迈步，这时宝宝常会用手抓住家具的边缘，或扶着墙壁，或推着小椅子，或让其他人拉着一只手，一点一点地向前挪动双腿。

4 〈 **独自行走** 〈

慢慢地，宝宝会大胆地把身体的重量都放在双脚上，开始摆脱一切束缚，迈出向前的第一步。

帮助宝宝学习步行的 10 条建议

1. 多做蹬腿的动作，可以增强宝宝腿部的伸展能力。

2. 多做仰卧起坐运动。

3. 多爬行，可以锻炼宝宝腿部肌肉的张力和力量。

4. 抓拿玩具，练习攀爬。

5. 多在有扶栏的环境里活动。

6. 练习放手站立。

7. 妈妈蹲在宝宝的前方，展开双臂或用玩具鼓励宝宝过来。

8. 多吃含钙的食物，以保证宝宝骨骼的发育，为学习步行打下基础。

9. 宝宝摔倒时，要进行安慰和鼓励，让宝宝有安全感。

10. 多给宝宝自由活动的机会，鼓励他四处走走，进行探索。

鼓励宝宝迈出第一步

宝宝开始蹒跚学步是可喜的事情，爸爸妈妈要鼓励宝宝大胆尝试。

🎈 学步练习

宝宝在迈步的时候，可能会步态蹒跚，身体向前倾，跌跌撞撞地扑向妈妈的怀中。这时，妈妈要继续帮助宝宝练习，让宝宝大胆地走第二次、第三次……慢慢地，宝宝就会越走越稳了。

钻洞洞

发展能力

锻炼宝宝的手眼协调能力和思维能力。

这样玩

爸爸膝盖着地，手撑地，搭成一个"山洞"。在爸爸身体的一侧放一个宝宝喜欢的玩具，鼓励宝宝钻过"山洞"，向前爬，拿回玩具。宝宝拿到玩具后鼓励宝宝往回爬，把玩具交给妈妈。宝宝钻过"山洞"时，爸爸妈妈要为宝宝欢呼。

温馨提示

○ 如果地板太凉，可以铺上一条毛毯，免得宝宝觉得不适。

手眼协调能力
思维能力

精细动作能力

宝宝到了 11 个月大时，能用拇指和食指捏取小物体，手部动作更加灵巧自如。这时，宝宝往往会捏取一些小物品，还会用手去抠小物体、拿杯子、打开抽屉、搭积木、翻书等。手部的灵活运动对智力发展很有好处。

学涂涂点点

💡 发展能力

训练手部的动作，不仅能提高宝宝手的灵巧性，还对智力发育相当有好处。

💡 这样玩

1 准备一些彩色蜡笔。彩色蜡笔是一种锻炼手部灵活性的好工具，用笔需要拇指、食指和其他手指进行配合。

2 让宝宝用蜡笔在纸上任意涂涂点点，虽然这时候还看不出来画的是什么东西，但对宝宝感知色彩是很有帮助的。

温馨提示

○ 妈妈给宝宝选择的蜡笔中一定要有一支暖色调的，如大红、玫瑰红或黄色，因为这些颜色能让宝宝感觉热烈、阳光。

创新能力
手眼协调能力

153

小豆豆大搬家

发展能力

　　这一游戏能训练宝宝手指的灵活性，可以促进宝宝手指精细动作的发展，能让宝宝做出更为精准的动作。

这样玩

1　将 2 只小碗和豆豆等道具放在垫子上。
2　让宝宝坐在 2 只小碗前，装有豆豆的碗放在宝宝的左边。
3　妈妈先做示范：张开右手五指，将左边碗中的豆子轻轻地抓起来，放入右边的碗中，直到豆豆全部抓完。
4　妈妈握着宝宝的小手抓豆豆，并放到空的碗中。
5　抓了几次后，放开宝宝的小手，让宝宝自己去做。当豆豆掉到碗外面时，妈妈应予以提醒。
6　豆豆全部放到空碗中后，游戏结束。

温馨提示

○ 在宝宝玩游戏的时候，妈妈一定要在旁边仔细观察，以免宝宝将小豆豆放到嘴中。

数学学习能力

这时候的宝宝虽然还不会用语言来表达，但是头脑中已经有"1"和"2"这样的意识了。

数小牛

这样玩

1 妈妈和宝宝面对面坐着，妈妈伸出两只手做出小牛角的样子，并发出"哞哞"的声音，让宝宝也学着发出"哞哞"的声音。

2 妈妈伸出双手，用一只手的食指数另外一只手的手指，从拇指开始数，并教宝宝说"一头小牛，两头小牛，三头小牛……"然后让宝宝也学着从拇指开始，用自己的小手数数。

认识数字能力
手眼协调能力

温馨提示

○ 妈妈在数数的时候，要加上手势，多重复几次，这样可以提升宝宝认识数字的能力。

数小牛

一头小牛，

两头小牛，

三头小牛……

五只小狗汪汪叫

🌱 发展能力

　　这一游戏能让宝宝认识自己的双脚，有利于自我意识的形成。通过语言的刺激，宝宝对数字也有了一个初步的概念。

🌱 这样玩

1　让宝宝光脚坐着或站着。

2　妈妈用双手摸宝宝的脚趾，顺序为从大趾到小趾。

3　妈妈一边唱儿歌"一只小狗，两只小狗，三只小狗，四只小狗，五只小狗汪汪叫"，一边一个个地扳脚趾，当唱到"五只小狗汪汪叫"时，让宝宝抬起被摸的这只脚。

4　换另一只脚继续数脚趾，连续做 2~3 次后，游戏结束。

温馨提示

○ 在宝宝抬脚的时候，要注意保护宝宝，防止摔倒。

语言能力

11 个月的宝宝的语言能力可能会突飞猛进，能有意识地发出单字的音，可以含含糊糊地讲话了，并能有意识地表达特定的意思或做特定的动作。

教宝宝讲文明用语

这个时期，宝宝的模仿能力很强，听见骂人的话也会模仿。由于这时宝宝的头脑中还没有是非观念，他并不知道这样做是否正确，因此当宝宝说脏话时，爸爸妈妈要严肃地制止和纠正，千万不能因为宝宝说出的话有趣而纵容，这样宝宝会把骂人当作好玩的事来做，从而养成坏习惯。

让宝宝学着回答问题

在培养宝宝语言能力时，要让宝宝学着回答问题。当爸爸妈妈叫宝宝的名字时，宝宝会转过头去看看是谁在叫自己，这时爸爸妈妈要帮助宝宝回答"欸"。当宝宝看到大人互相呼唤并回答"欸"时，宝宝也会学着用"欸"来回答。

鼓励宝宝多说话

爸爸妈妈要尽可能对宝宝说简短的话，并要结合宝宝认识的亲人、身体部位、食物、玩具，配合日常生活中的动作教宝宝说话。

当宝宝指着他想要的东西并伸手时，就要鼓励宝宝发出声音来，教他把打手势与发音结合起来，到最后能用词汇代替手势时再把东西递给宝宝。经过多次练习，宝宝掌握的词汇会越来越多，语言能力就会越来越强。

宝宝，上边的是 A，像一座尖尖的宝塔；下边的是 B，像我们的耳朵。

教读字词

🌱 发展能力

对宝宝进行语言启蒙教育，从而提高宝宝的语言能力。

🌱 这样玩

1 周一，指着自己说"妈妈——"，再让宝宝说一遍。

2 周二，指着爸爸说"爸爸——"，再让宝宝说一遍。

3 周三，指着脸说"脸——"，再让宝宝说一遍。

4 周四，指着眼睛说"眼睛——"，再让宝宝说一遍。

5 周五，指着鼻子说"鼻子——"，再让宝宝说一遍。

6 周六，指着嘴巴说"嘴巴——"，再让宝宝说一遍。

7 周日，指着手说"手——"，再让宝宝说一遍。

模仿能力
表达能力

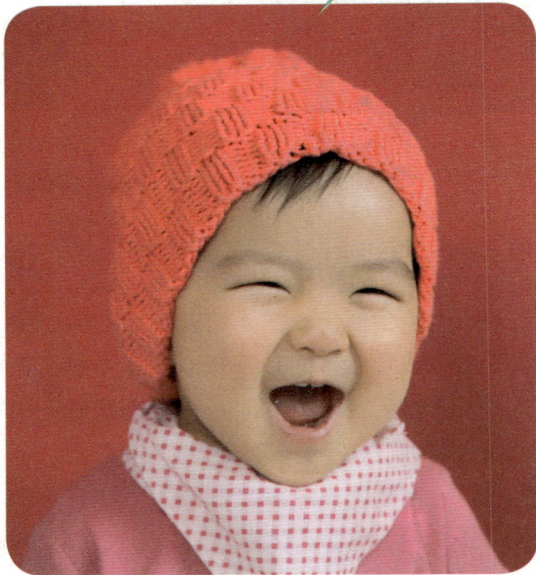

温馨提示

○ 现在，只需要每天教宝宝读字词，让宝宝熟悉这些字词即可，不要强求。

宝宝爱看书

🎈 发展能力

看书是对阅读理解及语言组织能力的训练。

🎈 这样玩

1 妈妈抱着宝宝或者跟宝宝坐在一起，拿出事先准备好的绘本，引导宝宝看书中的图片。

2 在吸引宝宝的注意后，妈妈给宝宝读绘本中的内容。在读到绘本中关于可爱的小动物，如小猫咪、小狗等的故事时，停下来模仿动物的叫声和动作，并鼓励宝宝模仿。

温馨提示

○ 防止宝宝把绘本抢过去撕或吃。

○ 为了引起宝宝的阅读兴趣，所选择的绘本画面应当色彩鲜艳一些，并且有宝宝喜欢的可爱的小动物形象。

○ 在给宝宝读绘本内容的时候，妈妈应该以对话的方式跟宝宝交流，帮助宝宝理解。

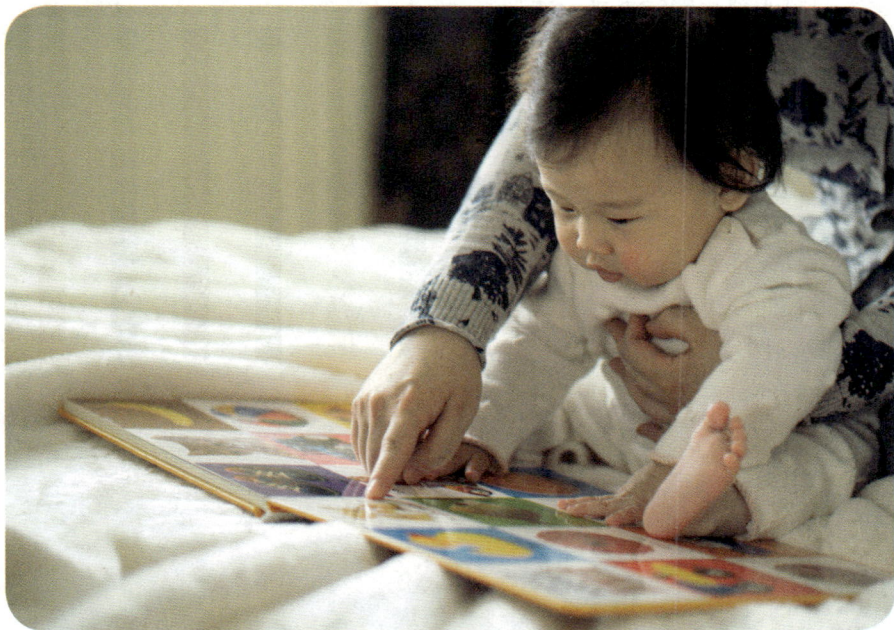

大动作能力

12个月

　　1岁的宝宝不但能站起、坐下，还能绕着家具走。宝宝能够弯下腰去捡东西，也会试着爬到矮一些的家具上去。尽管这时宝宝走路还不是太稳，但对走路的兴趣却很浓。在这个时期，爸爸妈妈一定要加强对宝宝走路的训练。

引导宝宝站立、坐下

　　宝宝在最初扶物站立时，可能还不会坐下，这时爸爸妈妈要教他学会如何低头弯腰再坐下。

　　妈妈可以将玩具放在离宝宝近一些的地面上，让宝宝弯腰去抓，即使宝宝一手抓着家具蹲下，另一只手伸出去抓玩具，也是一种进步，这时要多鼓励宝宝。

沿着彩条走

　　爸爸妈妈可以在地上放一根颜色鲜艳的彩条，摆成直线和曲线，在彩条的前方摆上宝宝喜欢的玩具，然后牵着宝宝的一只手，慢慢地沿着彩条直线、曲线行走，直到让宝宝拿到自己喜欢的玩具。在爸爸妈妈的帮助下，宝宝能慢慢沿着彩条行走，逐渐提高独立行走的能力。

让宝宝自己捡画片

　　爸爸或妈妈可把画片放在地上，然后说："宝宝，把画片拿到妈妈这里来。"当宝宝捡起画片拿给妈妈时，妈妈应当一边说"谢谢"，一边教宝宝点头，表示不客气。

爸爸妈妈也可以用粉笔在地上画彩条，让宝宝在上面行走。

独立行走训练

🦶 发展能力

让宝宝从被牵着走过渡到独立行走。

🦶 这样玩

1 如果上个月训练的是用双手或单手牵着宝宝走，那么现在可以将你的手臂用一根小棍子或小娃娃代替，让宝宝扶着你手中的小棍子或娃娃的另一端行走。

2 宝宝能够熟练地扶着小棍子走以后，妈妈可寻机放开小棍子，让宝宝自己行走。

3 如果宝宝有跌倒或不愿继续行走的现象，一定要及时鼓励他，并注意不要让他太疲劳。

温馨提示

○ 安全起见，可以让宝宝在爸爸和妈妈之间来回走，然后父母逐渐拉大彼此的距离，以使宝宝走得越来越远。

行走能力
协调能力

箱子探险

发展能力

锻炼宝宝的运动能力和空间感。

这样玩

准备一个结实的大号纸箱，将玩具放到纸箱里，然后问宝宝"你看，箱子里有什么啊"，并且鼓励宝宝自己爬到箱子里面玩。妈妈还可以给宝宝一支笔，让宝宝在箱子里随便画。

温馨提示

○ 妈妈要一直陪在宝宝身边，不能因为宝宝在箱子里就掉以轻心。

精细动作能力

12 个月的宝宝，手部已经会做很多动作了。这时，宝宝能用手握笔并在白纸上画出道道来了，而且宝宝能和大人一样用拇指和食指的指端捏小物体，手部拿捏能力已经发展得很好了。

训练手的控制能力

当宝宝能够有意识地将物品放下后，再训练宝宝将手中的物品投入小的容器中。通过这种训练，可使宝宝的小手有一定的控制能力。

提高手部灵活性

爸爸妈妈可以在桌前给宝宝摆上多种玩具，如小瓶、盖子、小丸、积木、小勺、小碗、水杯等，慢慢地教宝宝用积木搭高，将盖子扣在瓶子上，用水杯喝水，用拇指和食指捏起小丸，将小勺放在小碗里"准备吃饭"等。这种训练能锻炼宝宝手的灵活性。

鼓励宝宝用手来拿勺吧！

水果切切乐

🔦 发展能力

　　通过游戏锻炼宝宝手的精细动作能力和手眼协调能力。

🔦 这样玩

1　妈妈将道具水果切切乐摆放在桌子上。
2　引导宝宝站在桌子面前，用玩具刀把玩具水果切开，再把相同的水果粘在一起。

温馨提示

○ 粘水果时，妈妈可以在旁边提醒，引导宝宝按颜色、形状等特征来分辨水果。

翻书

🌱 发展能力

　　提高宝宝对书本的兴趣，并增强食指与拇指的活动能力。

🌱 这样玩

1　拿一本专供宝宝阅读的大开本彩色图书，让宝宝坐在床上双腿伸直。

2　将书摊开在宝宝的双腿上，一页一页帮宝宝翻，一边指着书中的图片一边告诉宝宝这个是什么、在做什么等。

3　宝宝会迫不及待地去自己动手翻书，这时妈妈要教宝宝用拇指和食指捏着书页，将书页轻轻提起来再翻过去，而且要教宝宝顺着翻。

提高阅读兴趣

12 个月的宝宝喜欢嘟嘟囔囔地说话，听上去像是在交谈，喜欢模仿动物的声音，并能把语言和表情结合起来。这时宝宝的视觉已经发育到一定程度了，开始对一些细小的物体产生兴趣，还能区分简单的几何图形。宝宝能较准确地判断声源的方向，并能用两眼看向声源；开始学发音，能听懂几个字了。

带宝宝认识花

💡 发展能力

加深宝宝对颜色、形状的认识，锻炼宝宝的触觉，提高宝宝的观察能力，促进宝宝的视觉发育。

💡 这样玩

1 妈妈带着宝宝外出赏花。

2 妈妈指着牡丹花告诉宝宝"这是牡丹花，红红的，圆圆的"，并拉着宝宝的小手摸一摸牡丹的花瓣。

3 在金黄的菊花面前，告诉宝宝"这是菊花，金黄色的，像星星一样"，并拉着宝宝摸摸小菊花细而柔的花瓣。

4 妈妈还可以向宝宝介绍其他的花儿，并让宝宝摸摸花瓣，闻闻花儿的香味。

红色小花。

粉色小花。

漂亮的绿色盆栽。

黄色小花。

绿叶中点缀的玫红色小花。

温馨提示

○ 在赏花时，如果碰到其他小朋友，可以让宝宝多跟同龄的小朋友进行沟通。

妈妈捡玩具

💡 发展能力

锻炼宝宝的语言能力，帮助宝宝说完整的句子。

💡 这样玩

当宝宝想让妈妈帮他捡玩具的时候，会对妈妈说一些不成句子的话。妈妈明白宝宝的意思之后，要将宝宝的话补充完整。"宝宝，是让妈妈捡玩具吗？宝宝说'妈妈捡玩具'。"等听到宝宝的回应之后，妈妈再给宝宝捡玩具。

数学思维能力

12 个月的宝宝虽然不能分辨数量，但对数字已经有了一定的认识，注意力是观察力、想象力、记忆力、思维能力和其他智力因素的必要条件和先导。妈妈要多创造吸引宝宝注意力的环境，通过游戏的方式培养宝宝的逻辑思维能力。

快乐数数

🍦 发展能力

教宝宝识数。

🍦 这样玩

1 准备各种玩具和玩具筐一个。把玩具筐放在沙发上，将各种玩具放在地上。

2 妈妈让宝宝将玩具捡起来，一个一个地放入玩具筐里。

3 宝宝每将一个玩具放到玩具筐中，妈妈就数一次玩具筐中的玩具，并把这个数字告诉宝宝。

4 当宝宝全部搬运完毕后，妈妈要给予鼓励，并和宝宝一起将玩具筐中的玩具数一遍。

温馨提示

○ 妈妈在生活中要有意识地培养宝宝收拾物品的习惯，培养其自我服务的意识和能力，塑造宝宝对自己行为负责的良好品格。

玩具归归类

🎈 发展能力

　　寻找到相同颜色的玩具，是对宝宝观察力及分辨归类能力的一种锻炼，也是对宝宝逻辑思维能力的有效训练。

🎈 这样玩

1　将宝宝平时玩的玩具及纸箱放在垫子上。

2　带宝宝将颜色相同或相近的玩具找出来，放在同一个箱子内。可以语言引导，也可帮忙。

3　宝宝将玩具分类归纳完成后，妈妈再进行整理。

1岁宝宝智能水平小测试

1. 能够注意观察感兴趣的事物，如小金鱼在水里游、小狗摇尾巴、小猫抓脸等

    A. 是　　　　　　　　B. 不是　　　　　　　C. 没注意

2. 喜欢到户外玩，经常会拉着妈妈的手要出去，对大自然的美丽景物表现出兴趣

    A. 是　　　　　　　　B. 偶尔会　　　　　　C. 从不

3. 会用蜡笔

    A. 在纸上乱涂乱画　B. 在纸上扎点　　　C. 在空中乱画

4. 拿着细线，另一头绑着物体摇晃

    A. 能摇成圆圈　　　B. 能前后晃荡　　　C. 不会摇

5. 穿裤子时

    A. 能自己将腿伸入裤管内　　　B. 需要大人握腿放入裤管内　　　C. 不配合

6. 认识几处身体部位

    A. 6处　　　　　　B. 5处　　　　　　C. 4处　　　　　　D. 3处

7. 戴帽子

    A. 能放在头顶拉正　B. 能放稳　　　　C. 放不稳，会掉下　D. 不会

8. 活动的物体

    A. 能引起宝宝的注意，眼睛会追随　B. 能引起宝宝的注意，但不会追视　C. 没反应

9. 配大小瓶盖时

    A. 能正确配上大小瓶盖两个以上　　　B. 能正确配上一个瓶盖　　　C. 不会配

10. 能模仿多少种动物叫，如猫、狗、羊、鸭、鸡、牛、虎等

    A. 6个及以上　　B. 5个　　　　　C. 4个　　　　　D. 3个

11. 1分钟内能将多少个小丸投入瓶中

    A. 6个　　　　　B. 5个　　　　　C. 4个　　　　　D. 3个

12. 学习站立
    A. 不扶物站稳 3 秒   B. 扶物站稳   C. 牵着站

13. 能自己走多少步
    A. 自己走 10 步   B. 自己走 5 步   C. 不会走

14. 听儿歌时
    A. 能模仿儿歌音调"唱歌"，歌声连贯   B. 会咿咿呀呀地唱歌   C. 不会唱歌

15. 对自己喜欢的乐曲
    A. 表现得非常兴奋   B. 一般没有喜欢与不喜欢之分   C. 没反应

题号	得分			
	A	B	C	D
1	10	5	0	
2	10	5	0	
3	10	5	3	
4	10	8	0	
5	10	5	0	
6	12	10	8	6
7	10	8	5	0
8	10	5	2	
9	10	8	0	
10	10	8	5	2
11	10	8	5	2
12	10	8	5	
13	10	5	0	
14	10	8	2	
15	10	5	0	

测评结果

60 分以下
宝宝的智能发展未达到理想的水平，要多加训练。

60~80 分
宝宝的智能发展尚可，达到平均水平，若想进一步提升智能，要多加训练。

80 分以上
宝宝的智能发展非常棒，继续努力吧！

1 岁宝宝长得怎样了

项目	男（均值）	女（均值）
体重（千克）	10.2	9.4
身长（厘米）	76.5	75.0
头围（厘米）	46.4	45.1
胸围（厘米）	46.3	45.2

看看宝宝都会做什么了

- 会认简单的数了，如 1、2、3 等。

- 会说自己的小名了，也能认识自己的家了。

- 能一次性将书翻 2~3 页，而且还会把瓶盖拿起再盖上。

- 此时，多数宝宝已经会走了。

- 喜欢探索新环境，发现新事物，模仿成人的行为，如咳嗽、模仿大人说话的语调等，喜欢到室外活动。

第2章

1~2岁宝宝
智力开发方案

数学学习能力

对1岁多的宝宝来说，父母应注意从他们的大脑结构发育方面入手，锻炼宝宝的数学思维。因为，如果在关键期得到科学系统的训练，宝宝学习数学的能力会得到理想的发展。这时候，数数、培养逻辑思维可以提高宝宝的数学学习能力。

读数字歌

🎈 发展能力

朗读儿歌可加强宝宝对数字的认知和对图形的把握，提高宝宝的数学学习能力。

🎈 这样玩

1　在宝宝安静的时候，给他朗读《数字歌》。
2　可以带着宝宝伸手指，比如说到"1像铅笔会写字"的时候，伸出1个手指。

温馨提示

○ 不要一次性灌输太多内容，也不要过于急功近利，否则会适得其反，降低宝宝学习的兴趣。

数字歌

1 像铅笔会写字，

2 像小鸭水中游，

3 像耳朵听声音，

4 像小旗迎风飘，

5 像秤钩来买菜，

6 像哨子吹比赛，

7 像镰刀来割草，

8 像麻花拧一拧，

9 像蝌蚪尾巴摇，

10 像铅笔加鸡蛋。

找"家门"

💡 发展能力

通过游戏，让宝宝理解"大""小"的概念，培养宝宝的逻辑思维。

💡 这样玩

找三个大小不一的球和三个空纸盒子，在三个纸盒的底部分别剪出一个洞，洞的大小分别对应三个球的直径大小。

妈妈让宝宝将三个球放进相应的圆洞里，如果宝宝将小球放进了大洞里，妈妈要告诉宝宝这个洞不是这个球的"家门"，如果宝宝选对了，就要及时对宝宝进行鼓励。

温馨提示

○ 这个游戏宝宝玩过一遍之后，可以改成在盒子的底部剪出三个不同形状的洞，然后让宝宝根据指令，将球放进圆形的洞里。

想象与思考能力

在宝宝的世界里，每个物体都不仅仅是物体本身，往往代表着更多的含义，比如1岁的宝宝会把一块积木当成一艘船，玩划船游戏，会将一堆积木排列起来当成士兵，玩带兵打仗的游戏。

小手和小脚丫

发展能力

宝宝通过游戏可以认识不同的形状，感受一一对应的关系，从而展开对自己小手和小脚的想象。

这样玩

1 将彩色纸铺在地上，让宝宝把两只小手或小脚放在彩纸上，用彩笔勾出轮廓。
2 沿着轮廓将画上的图案剪下来。
3 教宝宝用自己的小手和小脚去触碰剪下来的小手和小脚图案，看看哪个能对上。

快乐保龄球

🎈 发展能力

　　这个游戏对于宝宝的独立思考和解决问题的能力是一种很好的锻炼。

🎈 这样玩

1 在客厅较为宽敞的地方,将空饮料瓶摆放在一起呈三角形。

2 在距离摆好的空饮料瓶约 50 厘米的地方,滚动玩具球去撞击空的饮料瓶,并对宝宝说:"1、2、3 全打中。"

3 将击倒的空饮料瓶重新摆放好,让宝宝用玩具球去撞击。

4 宝宝没有击倒空饮料瓶,要耐心地教宝宝怎样才能顺利地击倒空饮料瓶。

5 当宝宝做得比较好的时候,鼓励他再接再厉。

温馨提示

○ 选用的饮料瓶最好是塑料的,并拧上盖子。

○ 玩具球应大一些,确保在滚动时能撞倒饮料瓶。

音乐与艺术才能

宝宝1岁后，开始学习说话、走路，听音乐的机会也更多了。在听到一些节奏鲜明、短小活泼的歌曲或乐曲时，宝宝会随着音乐节奏做拍手、招手、摆手、点头等动作，然后逐步增加踏步等动作。这时候，如果爸爸妈妈给宝宝提供画具，宝宝会拿起笔在纸上涂鸦，显露他的艺术才能。

音乐潜能开发

给宝宝选择合适的歌曲

爸爸妈妈要多给宝宝选择适合其理解、感受、演唱和表达的歌曲，歌曲的选择关系到宝宝歌唱能力和兴趣的开发。一般来说，歌曲的篇幅要短小，节奏要鲜明，曲调要适中，并且歌词要简练、上口、易懂、有趣味。

随节拍做动作

在听音乐时，爸爸妈妈可以握着宝宝的小手、小脚，按照歌词的内容随着拍子做拍手、拍腿、踏脚等动作，动作要协调、灵活自如。这种方法可通过被动感知来培养宝宝的手脚协调性。

为宝宝准备音乐会

爸爸妈妈先准备拨浪鼓、小锣、鼓、摇铃、小铃铛和一些能捏响的塑料玩具，让宝宝拿着其中的一个。爸爸妈妈手拿铃鼓，摇铃唱歌，宝宝会跟着歌声一起敲打。通过这样一个别致的"音乐会"，可训练宝宝手指和手腕的动作，让宝宝有愉快的心情，并开发宝宝的音乐潜能。

美术潜能开发

涂鸦可将宝宝带进神奇的美术课堂。1岁多的宝宝会拿起笔来乱涂乱画，画出的线条只是手运动的痕迹，未表达任何意思。宝宝的小手经常会抓住笔乱画，爸爸妈妈要适当鼓励。

会用笔乱涂。

学涂鸦

🔖 发展能力

　培养宝宝涂鸦的兴趣，激发宝宝的想象力。

🔖 这样玩

1　在桌子上放上一些纸和笔，让宝宝用笔在纸上自由地涂鸦。
2　开始的时候纸张可以大些，以后可以逐渐变小。
3　可以为宝宝准备一个画架，告诉宝宝想画画的时候就去画架上画。
4　宝宝画好后可以问宝宝画的是什么，激发宝宝的想象力。

挖掘美术潜能

温馨提示

○ 为了防止宝宝将家里的任何地方都当成画板，妈妈要为宝宝涂鸦做好充分的准备，除了画板，可准备一面专门用来让宝宝涂鸦的墙壁，以满足宝宝涂鸦的需要。

社会适应能力

这时候的宝宝，在熟悉的环境中会非常活跃，但在生疏的环境中会显得拘谨，甚至胆怯，这是由于宝宝对外部环境缺乏足够的认知和心理准备。爸爸妈妈要注意这一点，尽量创造机会让宝宝多适应。

叩叩叩，是谁啊

语言能力
反应能力

发展能力

通过游戏帮助宝宝养成好的习惯，培养宝宝的社交能力。

这样玩

1 宝宝在房间里，妈妈在外面"叩叩叩"地敲门。

2 妈妈说："叩叩叩，我是妈妈，可以进去吗？"

3 宝宝回答："好，请进！"

4 接着角色互换，由宝宝来敲妈妈的房门试试看。

温馨提示

○ 爸爸妈妈要教宝宝有礼貌地和别人打招呼，表达自己沟通的意愿，鼓励宝宝多与同龄的小朋友一起玩。

妈妈走，我也走

💡 发展能力

　　此游戏需要妈妈和宝宝的配合，有利于宝宝形成与他人协调配合的观念，并在潜移默化中提升宝宝的协调配合能力。

💡 这样玩

1　妈妈和宝宝脱掉鞋子只穿着袜子或光着脚，面对面地站着。

2　妈妈让宝宝站在自己的脚背上，并让宝宝牵着自己的手。

3　待站稳适应后，唱儿歌"妈妈走，宝宝走，天南地北到处游"，并同时移动双脚带着宝宝一起走。

4　在宝宝熟悉、适应面对面的方式后，可以让宝宝换一个方向，继续游戏。

温馨提示

○ 在宝宝换方向后，要注意抓紧宝宝的胳膊，走动要慢一些，防止宝宝摔倒。

良好个性培养

对 3 岁前的宝宝来说，个性培养就是要从自主性入手。在家中培养宝宝的自主性要处理好自由与限制的关系，要有所为，有所不为。

培养宝宝的独立自主能力

1. 让宝宝尽量做力所能及的事，也就是自己的事情自己做。

2. 让宝宝自由做游戏、探索，当然是在保证宝宝安全的前提下，不要整天将宝宝看得紧紧的，不要束缚宝宝的自由。

3. 尽量为宝宝提供和小伙伴交往的机会，让宝宝在和其他小朋友玩耍的过程中发展社交技能。

培养宝宝的自我控制能力

1. 爸爸妈妈要对宝宝的不合理要求加以限制，要让宝宝掌握自己行为的限度，明确"不是什么事都可以做"的概念。

2. 要培养宝宝的规则意识和规范行为，让宝宝知道哪些是可以做的，哪些是不可以做的。

3. 宝宝任性时，爸爸妈妈一定要严格管教，不能妥协、退让。

爸爸妈妈只有处理好放与收这对矛盾，才能促进宝宝自主性发展，也只有自主性得到了良好发展，宝宝进入幼儿园后才能更好地进行自我管理、自我教育，才能渐渐形成良好的个性。

小火车要拉货

🌱 发展能力

让宝宝自己动手去做一些事情，有利于宝宝自信心的养成及自我独立思维的开发。

🌱 这样玩

1 爸爸或妈妈跟宝宝坐在垫子或地毯上，拿出玩具积木。

2 爸爸妈妈引导宝宝，并跟宝宝一起将积木排成"小火车"，对宝宝说"呜呜呜，小火车来了，小火车要拉货"，引导宝宝在"小火车"上再叠一层。

3 跟宝宝推"小火车"，然后停下，说"呜呜呜，小火车来了，小火车还要拉货"，让宝宝再叠一层。

4 推"小火车"，停下，说"呜呜呜，小火车来了，小火车要卸货"，让宝宝取下一层积木。

5 重复步骤 3~4 的动作。

温馨提示

○ 刚开始推小火车时，妈妈应跟宝宝一起动手去做，宝宝熟悉以后，便要以宝宝为主导。

15 个月时多数宝宝已走得较稳，18 个月时宝宝已经可以走得很稳了，还会起步、转弯、蹲下、站起、向后退等。宝宝虽然还不能很好地穿衣服、拉拉链，但已经学会自己脱衣服了。而且，宝宝开始学着用工具够取东西了。

学跳跃和倒退走

让宝宝练习双脚跳、拖着玩具倒退走，或做"你来我退"的游戏，此练习能教宝宝较稳定且持续地倒退走。

训练宝宝跑步

在和宝宝追逐玩耍的过程中，有意识地让宝宝练习跑和停，渐渐地，宝宝会在停之前放慢速度，使自己站稳。刚开始宝宝可能会因为速度快、头重脚轻而踉踉跄跄，甚至摔倒，但是慢慢地就能稳定地跑和停了。

训练宝宝上台阶

宝宝如果行走得比较自如，可有意识地让宝宝练习上台阶，从较矮的台阶开始，让宝宝不扶人只扶物，自己上楼梯，逐渐再训练宝宝下楼梯。

模仿小动物

🥄 发展能力

训练宝宝肢体动作的协调性。

🥄 这样玩

1 妈妈做示范动作，让宝宝学小兔子跳：两手放在头两侧，模仿兔子耳朵，双脚并拢向前跳。

2 妈妈引导宝宝学大象走：身体向前倾，两臂下垂，两手五指相扣，左右摇摆模仿大象的鼻子，向前行进。

3 妈妈教宝宝学小鸟飞：双臂侧平举，上下摆动，原地小步跑。

温馨提示

○ 这样的游戏能让宝宝的身体得到充分的锻炼，还能让宝宝更快乐，所以要多鼓励宝宝做这个游戏。

185

宝宝接球

🥄 发展能力

提高宝宝的行走能力和速度。

🥄 这样玩

1 准备一个软皮、弹性适中、个头比足球小点的皮球，表面有"刺"突出的更好。

2 在宽敞的房间或室外空地上，爸爸妈妈将球往地上投掷，待球弹起来时让宝宝用双手去接。也可由宝宝自己投球，爸爸妈妈来接。

3 过一段时间，可根据宝宝的熟练程度加大投掷距离，还可有意识地将球扔向距宝宝有一定距离的左方或右方，让他转动身体去接球。

温馨提示

○ 爸爸妈妈第一次扔球时，最好扔在宝宝的肩膀和膝盖之间，过高或过低都会增加接球的难度。球的充气量要适中，发球的速度不要太快，以免打痛宝宝。

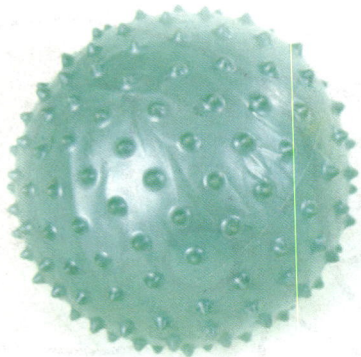

排队滑滑梯

🔦 发展能力

滑滑梯的过程可以锻炼宝宝的身体平衡能力，为将来稳稳地走路做准备。

🔦 这样玩

妈妈带着宝宝到专用的滑梯前，扶住宝宝爬上滑梯，待宝宝坐稳后慢慢滑下。下滑的时候让宝宝在妈妈的协助下自己控制身体的平衡。

温馨提示

○ 如果是集体活动，要让宝宝们排队，一个一个上去滑，告诉宝宝要遵守游戏规则。

宝宝1岁后，进入了正式开始学说话的阶段，这时爸爸妈妈要根据宝宝的语言发育特点，结合具体事物和情景、动作，反复训练，并要有意识地训练宝宝说完整的话。

延迟满足法

很多时候，爸爸妈妈没等宝宝说话，就将宝宝想要的东西送给他，使宝宝没有说话的机会，时间长了，宝宝就会变懒。

实际上，宝宝要说出一个新词，从大脑指挥到发声器官运动是需要一定的反应时间的。为了鼓励宝宝开口讲话，让他主动地表达需求，要给宝宝时间去反应，这就需要施行延迟满足法，比如当宝宝要喝水时，必须先鼓励他说出"水"字来，然后再给他递水。

让宝宝多接触，多听

爸爸妈妈要通过图片、实物等，耐心反复地教宝宝认识事物。故事能够给宝宝带来欢乐，多讲故事能激发宝宝学习的兴趣。

激发宝宝说话的兴趣

对比较腼腆的宝宝，爸爸妈妈要积极引导，激发宝宝的兴趣，鼓励宝宝开口说话。跟宝宝一起做游戏时，爸爸妈妈可以在一旁不停地说："兔子跑，小马跑，宝宝跑不跑？"当宝宝反反复复听到"跑"字后，慢慢地就会开口说"跑"字了。

鼓励宝宝用词组表达意图

在宝宝学会用1个字表达自己需求的基础上，进一步训练宝宝用2个及以上的字组成的词组表达需求。例如，妈妈问宝宝"到哪儿玩去"，然后教宝宝回答说"下楼玩去"。说对了，就要带着宝宝到楼下玩一会儿，帮助宝宝提高表达能力。

跟古诗做朋友

古文知识积累

🔔 发展能力

让宝宝通过感受古诗那优美的韵律感练习发音，并增加宝宝的知识储备。

🔔 这样玩

1 准备几首押韵、读来朗朗上口的古诗。
2 每天读一首给宝宝听，并让宝宝慢慢学。

咏鹅

鹅鹅鹅，
曲项向天歌。
白毛浮绿水，
红掌拨清波。

江南

江南可采莲，
莲叶何田田。
鱼戏莲叶间。
鱼戏莲叶东，
鱼戏莲叶西，
鱼戏莲叶南，
鱼戏莲叶北。

小汽车过独木桥

发展能力

爸爸妈妈读儿歌，让宝宝跟着唱念，不但能强化宝宝对一些事物的认知，还可以增强宝宝的语言理解及表达能力。

这样玩

1 爸爸或妈妈跟宝宝一起动手，将硬纸板搭在两个纸箱上，做成"独木桥"。

2 拿起宝宝的玩具小汽车，向宝宝示范将小车从硬纸板的一头推到另一头，过独木桥。可以同时唱自编的儿歌："小汽车，滴滴滴，过小桥，别着急。小桥窄，小桥直，小小司机看仔细。滴滴滴，滴滴滴，小车开到那边去。"

3 让宝宝拿起另一个玩具汽车，用手推着过独木桥。

4 为了增加游戏的乐趣和难度，妈妈可以和宝宝展开比赛，追赶宝宝的玩具汽车，或者是让宝宝追赶妈妈的玩具汽车。

温馨提示

○ 家长在说地名时，可以不断地变化，宝宝会跟着一起说。通过模仿说不同的地名，可增加宝宝地名的储备量。

认知能力

宝宝 1 岁后，认知能力有了很大的飞跃。到 1 岁半时，宝宝能分辨狗和猫、卡车和公共汽车等。此外，宝宝的记忆能力有了很大的发展，记忆的内容也能保存很长时间。宝宝能根据物品的用途来配对了，如水杯配水杯盖等。爸爸妈妈要根据宝宝认知能力的发展情况，进行合理的培养训练。

分辨物体的形状

这时候宝宝能分辨出什么能吃，什么不能吃，还能够分辨物体的形状，所以宝宝可以把不同形状的积木插到不同的插孔中。

模仿妈妈

宝宝会模仿妈妈的咳嗽声，或者模仿曾看过妈妈做的某个特殊动作，比如看见妈妈捂着疼痛的胃部，宝宝也会学着妈妈的样子捂住胃部，同时还能模仿妈妈说话的内容、声音和表情。

激发宝宝的想象力

多给宝宝准备一些小型生活用品，如电话、塑料盘子等，这些能为宝宝的想象游戏提供帮助。另外，再给宝宝准备一些玩具，如彩色的积木、拼插玩具等，能给予宝宝更多想象的空间。

连连看

🧠 发展能力

　　发展宝宝对图形的辨别力，从而提高宝宝的右脑形象思维能力。

🧠 这样玩

1　妈妈拿彩纸剪出两组相同的图形，妈妈手里拿一组，给宝宝一组。

2　妈妈拿出某个图形让宝宝从手里给相应图形找朋友。训练中，可以边玩边告诉宝宝正确的图案是什么形状，如三角形、四边形、五角星等。

3　反复进行这种训练，让宝宝能熟练辨认其中1~2个图案的形状。

温馨提示

o 尽量让爸爸也多陪宝宝进行这项训练。多和爸爸玩游戏的宝宝，左右脑的发展比较均衡，头脑也比较发达。

图形辨别能力

水中乐园

💡 发展能力

提高宝宝的创造力和思考力。

💡 这样玩

1 在家中准备好盆和浴缸等，还要准备一些漂浮玩具，如小鸭、小船等，还有装水的容器，如小碗、小漏斗等。

2 和宝宝一起玩游戏，引导宝宝学习各种玩具的名称和特性，比如小碗可以舀水，小漏斗可以漏水，并且可以用小碗向小漏斗中灌水，下面再用一个小容器接水。

3 将小船和小鸭子都放在水里漂浮，还可以把小船或小鸭子用绳子绑住，让宝宝在水里拉着小船、小鸭子行走。

温馨提示

妈妈不要过多地干预，要让宝宝发挥自己的想象力去玩水。

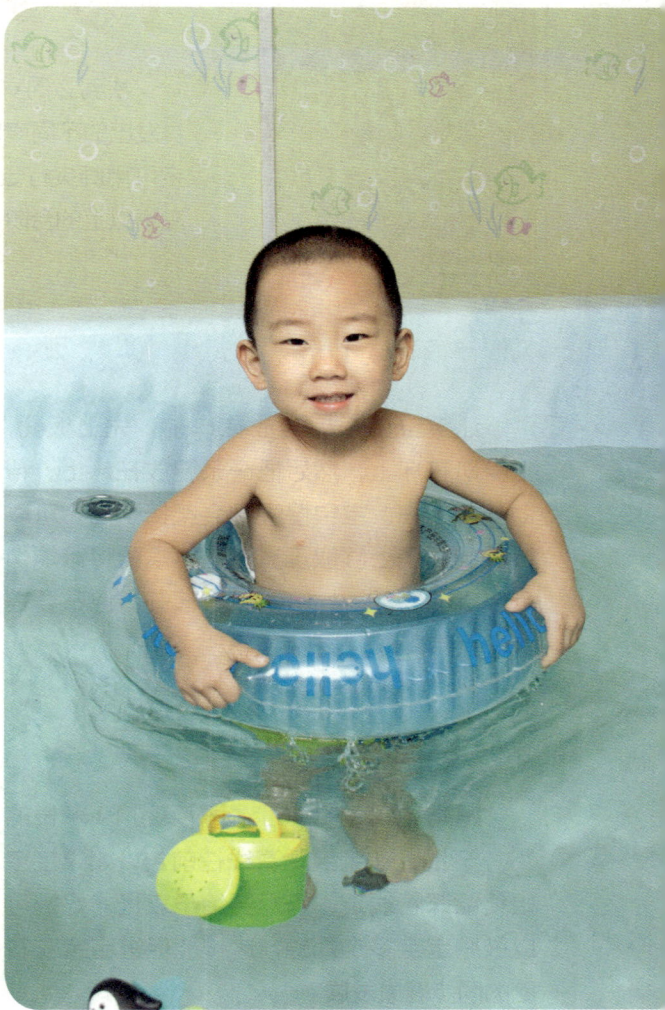

1岁7个月~1岁9个月

快到2周岁的宝宝，喜欢尝试自己拉着玩具走来走去，听玩具发出的不同声音，想象玩具的动作，玩得不亦乐乎。这时的宝宝可用脚尖行走数步，脚跟可不着地，能用手扶栏杆熟练地上三个以上的台阶。宝宝喜欢爬高，喜欢爬上小椅子或小桌子等。

爬上高处

让宝宝搬个板凳放在床前，先上板凳，上身趴在床上，然后把一条腿放在床上，帮助他爬上去。宝宝慢慢学会爬椅子后，可以试着到桌子上够取玩具，这时候要将可能伤及宝宝的物品，如暖水瓶等移开，也不要在桌子上铺桌布，以免宝宝发生意外。

锻炼宝宝走"S"形线和直线

妈妈用粉笔在地上画一条约10米长的"S"形线，让宝宝踩着线往前走，如果宝宝始终能踩着线走，妈妈要给予表扬。妈妈可以鼓励宝宝多走几趟，这样能促进宝宝左右脑的同步健康发展。

在行走自如的基础上，可以玩一些走直线的游戏。妈妈可以将五块地板砖比作桥，

让宝宝练习从桥上走，也可以带着宝宝到室外，画一条直线，叫宝宝踩着线走，提高宝宝的平衡性。

练习上下楼梯

平时，妈妈可以训练宝宝学习上下楼梯，开始时选择的楼梯不要有太多层，要让宝宝能顺利上完楼梯，体会成功的快乐。

练习跑步

妈妈可以在风和日丽的时候，带着宝宝到户外进行活动，与宝宝一起玩捉迷藏等，在找妈妈的过程中，引导宝宝练习跑步，在追逐中提示宝宝"宝宝快点跑，我在这儿等着你呢"，并告诉宝宝在停之前要放慢速度，这样才能使自己站稳当。

找亮光

🥄 发展能力

训练宝宝动作的敏捷性、身体的灵活性及反应能力。

🥄 这样玩

1 准备一面小镜子。

2 在天气晴朗时，选择比较空旷的场地。

3 父母用小镜子对准太阳，将亮光反射在地面上。

4 让宝宝去捕捉亮光，并用脚踩照在地上的亮光。

5 开始时，移动的幅度不要太大，待宝宝反应较快时再加大幅度。

6 晚上还可以和宝宝玩互相踩影子的游戏。

温馨提示

○ 不要用光照射宝宝的眼睛。父母可以不断变换方位，锻炼宝宝的反应能力。

身体灵活性反应能力

数学学习能力

这个时期的宝宝空间意识加强了，具备了上下、里外、前后方位意识，对于图形、色彩、分类等相关的数学概念理解得更加深刻。这时候，对宝宝进行数学启蒙教育要特别注意培养兴趣，最好能采用游戏的方式，在日常生活中渗透数学教育。

让宝宝学会排序

此时，爸爸妈妈可以给宝宝多个相同或不同的东西，在家长的引导下，让宝宝找出事物之间的共同点，比如将玩具按照不同的颜色排序，将同一色调的玩具放一起，或是按照大小、重量排序，这样能让宝宝学会把不同的事物分类，培养宝宝的逻辑性。

配配对

爸爸妈妈准备一些颜色相同但形状不同的物体，让宝宝分类、配对，来训练宝宝对图形的观察和判断能力。

爸爸选取红色、黄色、白色等不同颜色的小球若干，然后任意取出一种颜色的小球，再让宝宝取颜色相同的小球进行配对。在宝宝熟练后，可以进行"看谁拿得对和快"的游戏。

给图片分组

💡 发展能力

培养宝宝的观察判断能力和逻辑推理能力。

💡 这样玩

让宝宝试着将这六张图片分为两组（提示关键词：颜色）。

直线行走

🎈 发展能力

　　直线行走的游戏，不仅能够锻炼宝宝的行走能力，还因为要沿着直线行走，会加深宝宝对规则的认知。另外，歌谣中"线""长""直"等有利于宝宝理解空间几何概念。

🎈 这样玩

1　在地上画一条长约 2 米的直线。

2　妈妈牵着宝宝的手，向宝宝演示沿着直线往前走，边走边唱："小白线，直又长，小宝宝，沿线走，快又直。"

3　牵着宝宝的手，向宝宝演示几遍后，让宝宝自己沿着直线行走。当宝宝偏离直线时，要提醒宝宝。

4　当宝宝能基本掌握走直线时，在旁边再画上一条直线，牵着宝宝的手，一人沿着一条直线行走，进行比赛。

语言和阅读能力

1岁6个月~2岁的宝宝进入了学习语言的新阶段，宝宝一步步地把语言和具体事物结合起来，开始说出许多有意义的词，学习语言较快的宝宝已经能说短句了，如"爸爸再见""爷爷奶奶好"等。这个阶段的宝宝还喜欢看图画，听爸爸妈妈讲故事。爸爸妈妈要借机培养宝宝阅读和听故事的兴趣，通过讲故事的形式对宝宝进行文化教育。

说出每件物品的用途

宝宝掌握了一些日常用品的名称后，爸爸妈妈要告诉宝宝这些物品的用途。先从宝宝最熟悉的物品开始，如勺子是用来吃饭的、奶瓶是用来喝奶的、饭碗是用来盛饭的等。

此外，还可进一步告诉宝宝钥匙是开门用的、雨伞是挡雨用的等，逐渐引导宝宝说出一些物品的用途。

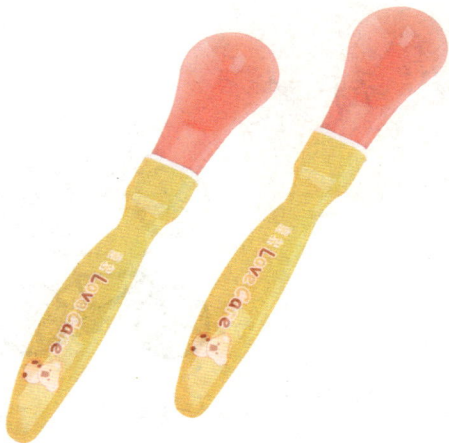

在游戏中学说话

爸爸妈妈还可以给宝宝讲故事、朗诵儿歌、看图片，在游戏中鼓励宝宝用已掌握的简单词语说出故事、儿歌、图片中的事物，在游戏中开发宝宝的语言能力。

勺子，是用来吃饭的。

奶瓶，是用来喝奶的。

学识字卡片

发展能力

　　将不同字音、字形印入宝宝脑海，同时将字形和字音联系起来，促进宝宝的视觉和大脑发育。

这样玩

1　准备一些正面有字、反面有图的识字卡片，如"娃娃""糖果盒""自行车"等。做正、副两套卡片，一副字朝上，一副图片朝上。

2　妈妈读字，鼓励宝宝走过去把字拿过来，先取正卡，再到另一处取副卡。

3　妈妈和宝宝一起读字、看图，然后鼓励宝宝将取过来的卡片放回原位，先放正卡，再放副卡。

温馨提示

○ 妈妈在给宝宝做识字卡片时，字要大，可以用废旧挂历裁成边长 20 厘米的正方形纸片，这样的卡片既能摆也能挂。

娃娃

自行车

变高变矮

🥄 发展能力

　　锻炼宝宝的语言能力和身体动作的协调性，训练宝宝伸展和屈曲身体。

温馨提示

○ 开始喊口令的时候要慢一些，妈妈要帮宝宝纠正姿势，熟悉之后口令可以喊得快一些。

🥄 这样玩

1　妈妈喊口令"变高"，带动宝宝一起踮脚，伸直身体，举起双手。

2　妈妈喊"变矮"，带动宝宝一起蹲下，同时双手抱住膝盖。

3　让宝宝自己喊，妈妈和宝宝一起做。

精细动作能力

1岁10个月~2岁

在这个时期，父母可以通过做游戏、做手工的方式鼓励宝宝做力所能及的事情，提高手部动作的稳定性、协调性和灵活性，促进宝宝精细动作能力的发展。

装豆子

发展能力

促进宝宝手眼协调性的发展，其中分类练习还能帮助宝宝集中注意力。

这样玩

1 妈妈准备几个空盒子或空瓶，将一些豆子、珠子、扣子、花生米之类的东西撒在床单上。

2 让宝宝根据类别逐个往每个空瓶子或空盒子里面放入一种物品。

温馨提示

○ 做这个游戏，对宝宝长大以后上课认真听讲、做手工等都比较有益。锻炼宝宝精细动作能力的游戏可以锻炼宝宝的肌肉力量和注意力。

穿大串珠

🥄 发展能力

　　有利于锻炼宝宝小手肌肉群，以及手眼协调能力、控制能力，同时可以提高宝宝对颜色和形状的认知。

🥄 这样玩

1　家长先对串珠形状、颜色进行描述，让宝宝用眼睛看颜色，用手摸形状。

2　家长示范：一只手拿起串珠线头的小棍儿，另一只手拿好串珠，从串珠小孔插入小棍儿，从另外一头拔出。

3　让宝宝自己完成穿珠动作，穿的过程中家长可以语言跟进："串一个红色的三角形，串一个蓝色的正方形……"

在这个时期，宝宝的逻辑思维能力在不断提高，对于数量等与数学相关的概念理解更加深刻。

哪个碗里花生多

🌱 发展能力

让宝宝能够明白"多"和"少"的概念，锻炼宝宝的理解能力和逻辑思维能力。

逻辑能力

🌱 这样玩

1. 妈妈先准备好两个干净的小碗和一些花生。

2. 将花生放入两个小碗里，一个碗里放入 5 颗，另一个碗里放入 3 颗。

3. 妈妈让宝宝观察两个碗里花生的数量，问宝宝："你看两个碗里的花生一样多吗？你想要哪个小碗里的花生呢？"

4. 当宝宝做出回答后，妈妈再重新分配花生，继续进行游戏。

温馨提示

○ 这个游戏也可以由宝宝来分花生，妈妈来挑碗。

看，我真能干

🌱 发展能力

加强宝宝对数字的认知，加强宝宝对"多"与"少"的理解，还能锻炼宝宝手拿物品的能力和手眼的协调性。

🌱 这样玩

1 妈妈准备塑料水杯或纸杯 5 个，将水杯或纸杯一字排开放在宝宝面前。

2 妈妈为宝宝做演示：依照水杯摆放的顺序，拿起一侧的水杯套在另一个水杯上，如此依次将 5 个水杯套在一起，然后再将水杯依次排开。

3 请宝宝拿起一个水杯套在另外的水杯上，依次将水杯摞起来。

温馨提示

○ 这时的宝宝可能还不能完全准确地完成套杯子的动作，妈妈需要在旁边协助，并及时鼓励宝宝。

情绪控制与社交能力

这时，宝宝开始把词连成句子，而且理解能力远远超出表达能力。到了 2 岁，宝宝就能听懂一些简单指令了。这时候的宝宝要多与人交往，爸爸妈妈要让宝宝初步建立是非观念。

鼓励宝宝勇于承担责任

宝宝勇于承担责任，可以为自己赢得赞许、信任和朋友，这能让宝宝不再以自我为中心，知道自己并不总是能为所欲为。爸爸妈妈要让宝宝经历必要的挫折，体验后悔、难过和害怕等情绪。此外，承担责任还会让宝宝学会协调自己和外部环境的关系。如果宝宝做错了，就鼓励他勇敢地承担责任。

宝宝如果把小伙伴的玩具弄坏了，就要让宝宝明白，是由于自己的过失才造成这样的后果，并鼓励宝宝承担责任，同时陪着宝宝一起去买新玩具赔给小伙伴，并向他道歉。

让宝宝学会认错

不要动辄责备宝宝

宝宝没有学会道歉，可能是因为不懂得是非概念，不知道生活中什么是对的，什么是错的，为什么是错的，更不知道自己应该怎样改正。爸爸妈妈切不可对宝宝动辄责备，而要耐心地告诉宝宝为什么错了，错在哪里。

跟宝宝站在一起

有时候，宝宝不愿认错可能是缺乏勇气，害怕承担后果。这时，爸爸妈妈要和宝宝站在一起，给宝宝一种安全感，告诉宝宝每个人都有犯错误的时候，只要改了就是好孩子，避免宝宝产生畏惧感。

吹泡泡

💡 发展能力

　　增加宝宝与人沟通的兴趣。提高宝宝相应词语的理解能力和反应能力。

💡 这样玩

1　节假日或下班后，家长带着宝宝去户外和其他小朋友一起做游戏。

2　家长和宝宝们手拉手站着，围成一个圈，其中一个宝宝站在圈子里吹泡泡。

3　家长发出指令"吹泡泡，吹泡泡，吹了一个大泡泡"，然后拉宝宝们的小手向前，让圈变小，吹出"高""矮""会跑""会跳"的泡泡。

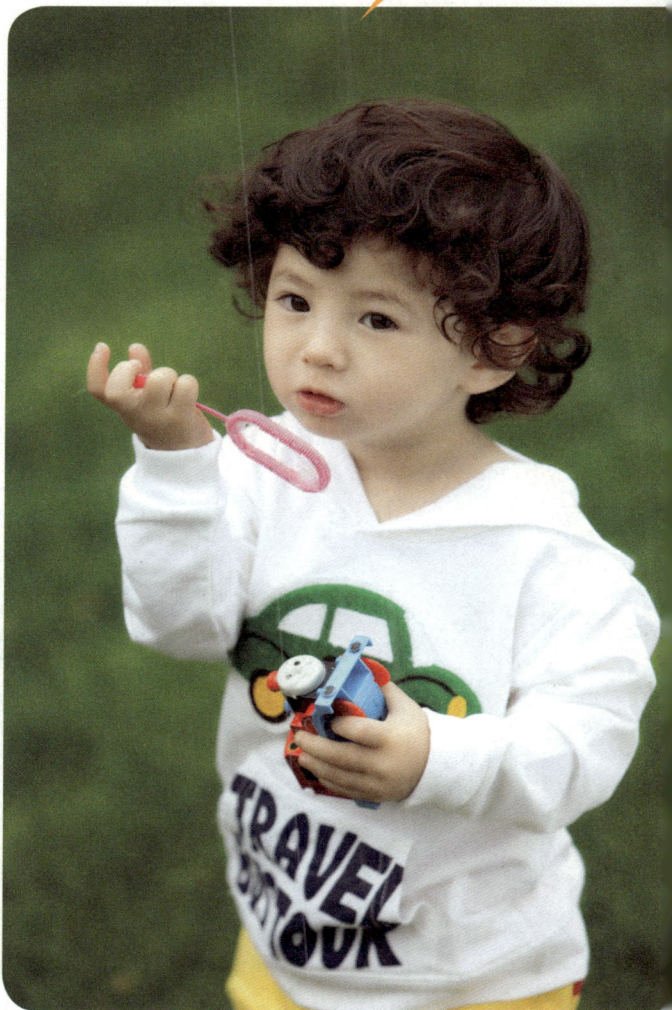

温馨提示

○ 尽量让每个宝宝都有在圈子里面"吹泡泡"的机会，这样每个宝宝都能觉得自己受重视。

宝宝，这是谁的

发展能力

将生活中的事融入游戏中，不但能提高宝宝对于生活的认知，还因为要分清是谁的衣服和颜色，能够使宝宝的观察力和分辨力得到锻炼。

这样玩

1 妈妈将衣服收起来或叠衣服的时候，让宝宝来到自己身边。

2 妈妈拿起其中的一件衣服，问"宝宝，这是谁的衣服啊"，让宝宝回答。

3 宝宝回答后，接着问："这是什么颜色的啊？"当宝宝不知道怎么回答时，应耐心引导宝宝回答。

4 衣服收完或叠完后，游戏结束。

温馨提示

在准备做这一游戏的时候，妈妈应先观察一下宝宝的精神和情绪状态。如果宝宝的精神及情绪状态不佳，就不要继续这一游戏。

艺术天赋与理解能力

这时候，宝宝的能力开发不仅限于认知学习，而应该是多方面的，除社交应变能力外，还包括审美能力、艺术天赋等，父母应做好全面培养和开发。

动感音乐熏陶

宝宝出生后的前一两年是音乐能力发展的起点，可通过培养宝宝区分音的高低，以及音的长短、力度、音色、节奏、旋律等能力，来培养宝宝的音乐感受力。这时候，可以让宝宝听一些暖暖的轻音乐，舒缓优美的钢琴曲、小提琴曲，我国的古典名曲，以及其他世界名曲。

爸爸妈妈要有意识地对宝宝进行音乐听觉的启蒙，对宝宝早期音乐能力的提高大有好处。但需要注意的是，给宝宝听的音乐作品，内容必须健康，符合宝宝的身心特点，那些高雅的歌曲、有趣并且有节奏的乐曲都可以发展宝宝的音乐想象力。

另外，大多数宝宝都喜欢用动作来表达他所感受到的音乐情绪，爸爸妈妈可以利用这一点，来引导宝宝协调他的动作和音乐节拍，这对培养宝宝的节奏感很有帮助。

涂鸦大作战

培养宝宝艺术能力，爸爸妈妈可以引导宝宝涂鸦，并对宝宝涂鸦始终抱着一种赞叹、惊喜、鼓励的态度，这种积极的态度会鼓舞宝宝用积极的心态去探索这个色彩斑斓的世界。

给气球添条线

发展能力

这个游戏可以增强宝宝的绘画兴趣。

温馨提示

○ 宝宝会表现出强烈的绘画兴趣，爸爸准备的图画纸要尽量多一些、大一些。

这样玩

1 爸爸要先准备一些红色气球、气球图片、红色油画棒、画有气球的图画纸等。

2 爸爸对宝宝说："宝宝，爸爸给你买了个大气球，红色的大气球，给，抓好绳子，不然球就飞走了。"

3 爸爸拿出画有气球的图画纸说："欸？这个气球怎么没线啊？宝宝来画条线，好不好？"

4 这时，妈妈拿出一只气球和一张气球图片，让宝宝观察，帮助宝宝在图画纸上的气球下面添画一条线。

绘画能力
理解能力

连连看

🔥 发展能力

有利于锻炼宝宝的模仿能力、想象力、语言组织能力、语言表达能力、观察力和空间思维力等。

温馨提示

这是一款年龄跨度较大的游戏，从最初的连连看开始认识颜色和形状，到后面随着年龄增长可不断增大难度。

🔥 这样玩

1 家长准备不同颜色、形状的拼图，示范将同颜色相连，同时告诉宝宝这是什么颜色。

2 家长让宝宝将同形状拼图相连，用手指沿边缘滑动，同时告诉宝宝拼图的形状，在锻炼视觉认知的同时锻炼触觉认知。

3 家长示范将拼图按照立体形状相拼，让宝宝观察，之后发挥想象自己搭建，还可以让宝宝自己描述拼的是什么。

2岁宝宝智能水平小测试

1. 自己唱歌时

    A. 会唱整首自己喜欢的歌曲   B. 会唱几句自己喜欢的歌曲

2. 能否记得自己喜欢的曲调和名称

    A. 能   B. 不能

3. 是否善于发现生活中简单的"乐器"

    A. 是   B. 不是

4. 能否在路边石上走

    A. 能   B. 不能

5. 玩水、玩沙的时候

    A. 会用手泼水或用塑料小碗装满水倒来倒去，能用铲子铲沙装进桶里

    B. 需要大人的帮助才能玩

6. 能否说出自己或家长的姓名

    A. 能说出自己、爸爸妈妈及身边亲近的人的姓名

    B. 会说自己和爸爸妈妈的姓名

    C. 只会说自己的姓名

7. 能跟着大人学说话、唱歌，并且爱重复结尾语句

    A. 是   B. 否

8. 数数

    A. 能数到 30 或 40，能点着物品数到 10   B. 能数到 10 或 20，能点着物品数到 5

9. 准备去洗澡时，对于拿衣服、拿毛巾、拿拖鞋这 3 件事，宝宝会如何做

    A. 宝宝会把衣服拿出来，再把毛巾放在衣服上，一只手提着拖鞋，一次性完成

    B. 宝宝一手拿衣服，另一手拿拖鞋，将东西放好后再回去拿毛巾

    C. 一回只拿一样东西

10. 能否表现出不同情绪，如骄傲、害羞等
    A. 能
    B. 不能

11. 能否说出人物的职业和称呼
    A. 能自己说出
    B. 要有家长的指导

12. 已经学习的如何与人相处的规则
    A. 在交往中有所体现
    B. 没有体现

13. 能否回答大人提出的问题
    A. 能全部答对
    B. 能回答，但有错误
    C. 不明白大人问的问题

14. 晚饭后让宝宝自己到厨房拿水果或到厕所拿肥皂，宝宝
    A. 能拿对东西
    B. 拿不对或不去拿

15. 能否分清冬天和夏天
    A. 能
    B. 不能

题号	得分			
	A	B	C	D
1	10	5		
2	10	0		
3	10	0		
4	10	2		
5	10	5		
6	10	8	5	
7	10	2		
8	12	2		
9	10	8	5	
10	10	2		
11	10	5		
12	10	2		
13	10	8	0	
14	10	2		
15	10	2		

测评结果

🧠 **70 分以下**

宝宝的智力发展未达到理想的水平，要多加训练。

🧠 **70~110 分**

宝宝的智力发展尚可，达到平均水平，若想进一步提升智能，要多加训练。

🧠 **110 分以上**

宝宝的智力发育非常棒，继续努力吧！

2 岁宝宝长得怎样了

项目	男（均值）	女（均值）
体重（千克）	12.5	11.9
身高（厘米）	88.5	87.2
头围（厘米）	48.4	47.3
胸围（厘米）	49.4	48.3

看看宝宝都会做什么了

- 走、跳等能力发展良好。

- 遇到障碍物时知道弯腰、屈膝，能走过去而不碰到东西。

- 能够理解左右、高矮、多少等概念。

- 掌握了口头数数、点数、按数取物等技能。

- 能说出复杂的句子，如"你拿这个，我拿那个""放到碗里，我要吃"等。

- 会向家长提一些问题。

第**3**章

2~3岁宝宝
智力开发方案

动作能力

这一阶段的宝宝，运动能力已经非常强了，具有良好的平衡能力，并会拍球、抓球和滚球了。由于这个时期宝宝的运动量较大，因此肌肉也结实、有弹性。

向墙壁投球

发展能力

通过这个游戏，能训练宝宝手臂的力量和敏捷性，增进爸爸和宝宝间的感情。

这样玩

1 爸爸首先给宝宝做个向墙壁投球的示范。
2 让宝宝使出全身力气往墙壁投球。
3 让宝宝跑去接反弹回来的球。
4 虽然刚开始球会四处弹跳，但是在多次练习后，宝宝就能够控制方向了。

抛物能力

温馨提示

○ 不要让宝宝的手臂使用过度，要安排适当的游戏时间。
○ 这个游戏可以增强宝宝的腰腹核心力量和双臂的力量，通过运动还能提高宝宝的勇气。

走平衡木

🎈 发展能力

　　在路边石上行走，不仅能锻炼宝宝的身体平衡能力，还能促进宝宝大脑、小脑的发育，提高四肢的协调性。

🎈 这样玩

1　妈妈将宝宝抱到或者让宝宝自己爬到路边石上。

2　妈妈牵着宝宝的小手，让宝宝在路边石上行走。

3　妈妈适时地松开宝宝的手，让宝宝自己行走。

4　在走出两三百米后，让宝宝下来。

温馨提示

- 宝宝在路边石上行走的时候，妈妈要时刻注意宝宝的安全，防止宝宝从上面摔下来。

- 当宝宝要下来的时候，妈妈应将宝宝抱下来，避免宝宝跳下来时扭伤脚。

- 当宝宝能走稳、不紧张时，可以鼓励宝宝做一些其他的动作。

金鸡独立

🌱 发展能力

锻炼宝宝对自身的控制力及平衡能力，另外妈妈可以故意输给宝宝，让宝宝体会到胜利的快乐，培养宝宝的自信心，让宝宝更自信乐观地面对生活中的事。

🌱 这样玩

1 妈妈给宝宝做示范：抬起一只脚，用一只脚站立。跟宝宝说这叫"金鸡独立"，并问宝宝可不可以像妈妈这样做。

2 当宝宝饶有兴趣地学着妈妈做一样的动作时，妈妈可以提出比赛的要求，看谁站立的时间长。

语言能力

这一时期的宝宝发音的准确性有待提高。平时，父母要注意训练宝宝发音的方式和技巧，随着宝宝的成长和父母正确的引导，宝宝的发音会越来越准确。

买水果

🍃 发展能力

通过这个训练能提高宝宝的语言表达能力和认知能力。

🍃 这样玩

1 妈妈提前将准备好的一些玩具水果或水果卡片放在桌子上，让宝宝提着小篮子或小口袋来"买"水果。

2 妈妈让宝宝说出水果名称，说对了就可以让宝宝将"水果"放到篮子中，说不对就不给宝宝"水果"。

3 如果有剩下的几种水果宝宝认不出来，妈妈要教宝宝辨认，直到宝宝将所有的水果都"买"走。

4 当宝宝知道了所有水果的名称后，让宝宝当卖者，妈妈可以故意说错1~2种水果名称，看看宝宝是否听得出来，发现问题要及时纠正。

温馨提示

○ 水果的种类可以不断变换，让宝宝保持兴趣。当宝宝买对了水果的种类时，妈妈要及时给予鼓励。

看图说话

发展能力

锻炼宝宝观察、辨别及语言组织能力。

这样玩

1 妈妈将图片事先放在垫子或沙发上。让宝宝坐在垫子或沙发上，也可以让宝宝坐在妈妈的腿上。

2 妈妈拿起一张图片，问宝宝"图片上是谁啊，在做什么啊"，引导宝宝说出答案，并且说出完整的句子。

3 换另一张图片，用上面的方式引导宝宝将图片的内容说出来。图片用完后，游戏结束。

这个年龄段是宝宝计数能力发展的关键时期，爸爸妈妈在生活中要多对宝宝进行数学学习的相关教育，可以让宝宝数生活中一切能数的东西，培养宝宝对数与量的理解能力。

1+1=2

🔍 发展能力

让宝宝懂得简单的数量关系。

🔍 这样玩

1　妈妈左手拿出一个苹果，让宝宝说"1 个苹果"。

2　右手再拿出一个苹果，让宝宝数一数，妈妈手中现在有几个苹果。

3　妈妈可以利用图片或实物，通过各种方法，反复演示，让宝宝理解"1+1=2"。

温馨提示

○ 在这个游戏中，除了苹果，还可以用香蕉、桃子、番茄等来教宝宝认数。

数积木

🌱 发展能力

数积木是对手眼协调、手口一致及逻辑思维的训练。

🌱 这样玩

1 妈妈将积木分成两堆，放在垫子或地毯上，引导宝宝数积木。可以对宝宝说："宝宝，我们来玩一个游戏好吗？来看看这里有多少积木。"

2 在成功引起宝宝注意后，给宝宝做示范：边用手拈点积木边数数。

3 让宝宝按照妈妈刚才示范的样子去做。

空间想象能力

这时候的宝宝对任何事物都很好奇，凡事都喜欢追根究底，这是宝宝的想象力在发挥作用呢！

此时，爸爸妈妈要有耐心，给宝宝更多思考和动手的机会，如让宝宝画出认识的图形、判断哪个纸盒中有玩具、将纸盒垒高等。

分辨前后

🍦 发展能力

锻炼宝宝的空间方位感。

🍦 这样玩

1. 爸爸妈妈和宝宝一起来玩游戏。妈妈站在最前面，宝宝站在中间，爸爸站在最后面。
2. 妈妈问"宝宝，你的前面是谁"，引导宝宝回答"是妈妈"。爸爸再问宝宝"你的后面是谁"，引导宝宝回答"是爸爸"。
3. 爸爸和妈妈换一下位置，再问宝宝，看宝宝能否正确回答。

温馨提示

○ 帮助宝宝丰富空间感的过程中，需要家长持续输出耐心，多次、重复地进行表达才能够加深宝宝的记忆，同时不要把自己急躁的情绪"传染"给宝宝，让宝宝在轻松的游戏互动中明白空间方位的意义。

变高、变矮

🎈 发展能力

锻炼宝宝的空间方位感。

🎈 这样玩

1 妈妈跟宝宝并排或面对面站立，由妈妈发布指令，喊"变高"，然后妈妈和宝宝同时踮脚并且高举双手；当妈妈说"变矮"时，宝宝和妈妈要蹲下，低头弯腰，双手抱住膝盖。

2 在做上面的动作时，谁的动作快，下一次就由谁发布指令。

认知能力

随着宝宝心理的发展，宝宝的认知也进一步发展。他们可以把要找的对象从背景中挑出，比如根据"小猫"一词把"小猫"从其他玩具中找出来，根据"眼睛""耳朵"等词把小猫的眼睛、耳朵等认出来。这时，在大人言语的指导下，宝宝能感知事物，有利于宝宝观察力的形成。

认识"早上"和"晚上"

🎈 发展能力

帮助宝宝初步建立时间概念。

🎈 这样玩

1　妈妈要准备有关"早上""晚上"的两组卡片：早上的活动包括起床、洗漱、晨练，晚上的活动包括看电视、睡觉。

2　妈妈出示起床、洗漱、晨练的图片，请宝宝观察后，问他："这是什么时候？"

3　妈妈出示全家人看电视、哄宝宝睡觉的图片，请宝宝认真观察后，问他："这是什么时候？"

4　妈妈手拿起床的图片问"宝宝，天亮了，要起床了，是什么时候"，让宝宝回答"早上"。

5　妈妈继续提问"月亮出来了，妈妈要哄宝宝睡觉了，是什么时候呢"，让宝宝回答"晚上"。

太阳公公出来了，天亮了，新的一天开始了。

月亮婆婆出来了，美丽的晚上开始了。

温馨提示

○ 妈妈还可以在相应的时间段中，利用文字或图片，帮助宝宝记录家人的行为。

225

音乐能力

2~3 岁的宝宝一般都喜欢音乐，喜欢通过摇椅子、拍小手、敲打玩具和跳舞等方式创造自己的节奏和旋律，并乐此不疲。

将生活中的事情唱给宝宝听

爸爸妈妈可以把每天必须和宝宝一起做的琐事唱给宝宝听，或者用宝宝最熟悉的旋律唱出他的名字，也可以把家里的锅和木勺当作宝宝的乐器，让宝宝自己敲打出节奏来，自己"作曲"。让音乐成为开发宝宝智力的好帮手，成为宝宝生活中的一部分吧。

音乐帮助宝宝学习说话

如果宝宝开口说话比较迟，那么爸爸妈妈就要和宝宝一起唱他熟悉的儿歌，这是宝宝学习说话的好方法。对于宝宝来说，唱一首押韵的儿歌，比单纯学说话更容易。

和着自己的节奏唱歌

爸爸妈妈可以经常自编自唱，并鼓励宝宝跟自己一起打节拍，让宝宝感受到音乐的魅力。如果宝宝喜欢唱歌，喜欢念朗朗上口的儿歌，爸爸妈妈要适当加以培养。

五只猴子荡秋千，
嘲笑鳄鱼被水淹。
鳄鱼，鳄鱼来了，嗷嗷嗷。
四只猴子荡秋千，
嘲笑鳄鱼被水淹。
鳄鱼，鳄鱼来了，嗷嗷嗷。
三只猴子荡秋千，
嘲笑鳄鱼被水淹。
鳄鱼，鳄鱼来了，嗷嗷嗷。
二只猴子荡秋千，
嘲笑鳄鱼被水淹。
鳄鱼，鳄鱼来了，嗷嗷嗷。
一只猴子荡秋千，
嘲笑鳄鱼被水淹。
鳄鱼，鳄鱼来了，嗷嗷嗷。
这么多的猴子荡秋千，
嘲笑鳄鱼被水淹。
鳄鱼，鳄鱼来了，嗷嗷嗷。

火车开了

🔦 发展能力

锻炼宝宝的听觉能力，游戏过程中通过有序的节奏培养宝宝的乐感。

🔦 这样玩

准备一段模仿火车节奏的音乐和一个小凳子，妈妈引导宝宝模仿火车的声音："咔嚓，咔嚓，呜——"妈妈一边和宝宝做游戏，一边唱儿歌："小板凳摆一排，我和宝宝坐上来，我当司机把车开，我的火车跑得快。"

动作能力

现在，宝宝已经不能满足于慢慢走路了，会逐渐加快脚步，并且伴随着身体平衡能力的发展，开始能够跳跃了。宝宝也可以学习跳格子、跳远了。

跳跃

跳跃是宝宝成长过程中必不可少的一个重要环节，对宝宝的益处颇多，但是跳跃时，一定要保持正确的姿势。

跳跃的正确姿势是两脚稍稍分开，呈半蹲状，小屁股微翘，攥紧小拳头，然后开始起跳。

向下跳

下到最后一个台阶时，从台阶上向下跳。反复练习。练习过程中，家长要注意保护宝宝。

向前跳

家长给宝宝示范立定跳远，鼓励宝宝跟着学，并与宝宝一同练习，边跳边说："看谁跳得远？"跳远可以让宝宝了解长度的概念，更可以锻炼宝宝的运动协调能力。

温馨提示

○ 宝宝的小脚一定要分开，并且要半蹲，小屁股的姿势一定要做标准，如果宝宝这些动作做不到位，容易扭伤腿。

抛接球

发展能力

玩这个游戏，可以提高宝宝的手眼协调性，促进宝宝空间感觉的发展。

这样玩

1 妈妈与宝宝面对面站好，两人之间保持 90~100 厘米的距离。

2 妈妈手拿球，宝宝双手伸出，准备接球。

3 妈妈将球抛给宝宝，说："宝贝，接球。"

4 宝宝接到球，再抛给妈妈，妈妈接球。

温馨提示

○ 随着宝宝的成长，可慢慢增加宝宝和妈妈相隔的距离。

手眼协调性

妈妈可以鼓励宝宝跟爸爸踢球，锻炼宝宝的大动作能力。

语言能力

这时候，宝宝会一直说个不停，虽然还不会说完整的句子，发音也不是非常清楚，但是说话的愿望很强烈。

给宝宝录音

🌿 发展能力

让宝宝在愉快的心情下做游戏，同时培养宝宝的语言能力。

🌿 这样玩

1 将手机或摄像机打开，开启录音或摄像功能。

2 让宝宝唱歌。刚开始时，妈妈也可以跟着一起唱，以带动气氛。即使有人唱错也不要停，继续录下去，回听的时候会更有趣。

3 让宝宝听一两次自己在录音里的声音，或看看自己的模样，宝宝会觉得很有趣，更想唱歌。宝宝通过听自己的声音，能练习正确的发音。

4 有客人来访时，让客人也听听宝宝录下的声音。

温馨提示

○ 将宝宝的歌声、画面录下来，再一起欣赏，这将会很有趣，也为宝宝的成长过程留下了美好的记录。

故事接龙

🎈 发展能力

故事接龙游戏不仅充满了趣味，还能促进宝宝记忆力、想象力、表达力的发展。

🎈 这样玩

1 妈妈先给宝宝讲一个宝宝喜欢听并且听了很多次的故事。在讲故事的过程中，故意对故事中的一些情节或结尾进行删改，看看宝宝是不是能听出来，是不是会指出其中的错误。

2 在讲故事的过程中，妈妈可以假装记不起来了，引导宝宝，让宝宝接着讲下去。例如，妈妈可以说："我怎么突然间忘记了，宝宝，上次跟你讲过，你能告诉妈妈吗？"

3 在宝宝讲完后，妈妈要给予宝宝夸奖。

绘画能力

绘画能带给宝宝丰富的感官体验，刺激宝宝思维能力的发展。宝宝能用涂鸦来表达自己的意愿和想法。艺术世界是宝宝智力发展的舞台，爸爸妈妈要大力开发宝宝的艺术潜能。

跟宝宝聊聊他的作品

为宝宝准备好纸、蜡笔、胶水、碎布料、报纸、鸡蛋盒、纸盒、塑料管、塑料餐盒、细绳等。爸爸妈妈要让宝宝有机会聊他的作品，说出感受，可以这样启发宝宝："跟妈妈说说你的画吧，为什么要画小白兔呢？"

称赞要具体

在欣赏宝宝的作品时，要用些特别的、描述性的语言来赞美，可以具体地说说宝宝使用过的颜色和画画的方法等。

展示宝宝的作品

当爸爸妈妈把宝宝的艺术作品贴在冰箱或墙上，让每个人都看到时，宝宝会知道爸爸妈妈很欣赏他的创作能力。这是增强宝宝自信心的一个好方法。

给宝宝有益的提示

在画画时，如果宝宝看起来好像被难住了，爸爸妈妈可以用提问的方式来提示他，比如宝宝想画只小狗，妈妈可以说："想一想，小狗有几条腿啊？"

在表扬宝宝的时候，一定要细致，且不要前后标准不一致。

染色魔术

发展能力

　　帮助宝宝认识不同的颜色，让宝宝知道几种不同的颜色配在一起可以产生新的颜色，激发宝宝的创新能力。

这样玩

　　准备番茄、橘子、菠菜、三个小碗、几张白纸和一把玩具剪刀。将番茄、橘子、菠菜的汁液挤出来，分别放到三个小碗中。将白纸剪成小块，让宝宝将三张白纸块分别浸在三种汁液中，过一会儿拿出来晾干，这时纸已经被染上了颜色。

　　妈妈教宝宝将不同颜色的汁液混合起来，再将白纸浸入，晾干后看看白纸会变成什么颜色。

个性培养

2~3岁的宝宝个性发展非常快，具有了自己的意志，懂得通过争斗来控制别人。同时，宝宝也逐渐懂得了羞愧和怀疑。

个性不同，因材施教

父母要多观察宝宝的性格倾向。一般来说，宝宝有以下三种性格倾向：

1 好动的宝宝动个不停，睡眠不多。

2 情绪化的宝宝爱哭闹、难哄。

3 乖巧的宝宝很早就会对人表达自己的情感，被别人抱时反应积极，容易安静下来。

如果宝宝很情绪化，家长就需要细心地照料、支持、指导与帮助，这样会让宝宝觉得安全些，不会那么易于激动。

如果家长能稍加控制、多多关心，一个做事总是急匆匆的宝宝有可能会放慢速度。

爱交际的宝宝与好动的宝宝一起玩游戏能使他们集中注意力，并延长注意力集中的时间。

培养宝宝 5 种优良品质

爱心　　爱心是心灵之花，有助于陶冶情操，家长本身有一颗仁慈的心，宝宝能模仿和体会到家长的爱心，并能逐渐获得爱心。

快乐　　快乐的经历有助于造就高尚而杰出的个性，使人热爱生命。让宝宝做自己想做的事情，让宝宝在亲子交往中获得快乐，有助于培养宝宝乐观向上的精神和活泼开朗的性格。

信念　　这时候，宝宝虽然还谈不上有信念，但已经有了自己稚嫩的计划和愿望，家长要有耐心地倾听，并给予鼓励。

勇气　　当宝宝遇到困难时，家长要鼓励宝宝鼓足勇气，自己想办法克服困难、解决问题。

正直　　拥有正直的品格才会拥有真正的朋友，获得真正的友谊。2~3 岁的宝宝是靠最初的模仿来拥有正直品格的，所以父母应成为正直的典范。

宝宝的个性培养是一个艰苦细致、精雕细琢的教育过程，要想宝宝拥有良好的个性品质，不仅要有一个长久的计划，还要从日常生活细节入手。

培养良好品质的 4 种方法

1 尊重并给予自由

　　培养宝宝优秀的品质，家长必须学会尊重宝宝，并多给他一点自由，这对宝宝独立性与创造性的培养是至关重要的，而独立性和创造性的培养又是形成良好个性的重要因素。

　　因此，家长要从实际出发，尽力做到让宝宝自己学习，自己做各种决定；允许宝宝用更多的时间去学习新东西；指导宝宝去完成较难的任务，并且要注意倾听宝宝的需求……总之，要使宝宝受到尊重和重视，给他进行创造性尝试和独立思考的机会。

　　父母对宝宝表现出的任何一点创造性萌芽，都要给予热情的肯定和鼓励，这样才有助于宝宝从小养成独立思考的习惯，培养勇于创新的品质。

2 给宝宝树立榜样

　　家长要给宝宝树立榜样，要以自己的良好品行去影响宝宝。宝宝大部分的行为方式，是通过模仿爸爸妈妈的行为学到的。

　　研究表明，家长的个性和特点的影响，比运用任何技巧对宝宝的影响都大。因此，作为父母，应处处以身作则，注意用自己的品行去影响宝宝，并鼓励他成为像家长一样的人。

3 表扬和批评要恰当

家长通过对宝宝进行表扬和批评，帮助宝宝明辨是非，提高道德判断能力，这在宝宝个性发展中起着"扬长避短"的作用。

表扬要及时，趁热打铁。一旦宝宝有好的行为要及时表扬，越小的宝宝越要如此。表扬的对象应该是宝宝经过努力才能做到的事情。例如，表扬一个6岁的宝宝自己会吃饭意义甚微，而在学走路的过程中给予"宝宝会迈步了，真棒"这样的表扬，则比较有效果。家长要夸具体，夸细节，不要总笼统地说"宝宝真棒"，要让宝宝知道自己为什么得到了表扬，哪些方面做对了，好在哪里，让宝宝能从中受到启发。表扬的时候不要许诺一些做不到的事情，否则久而久之，宝宝就会不信任家长，对家长的表扬不会很在意。

表扬和批评都要掌握分寸，不宜做过高或过低的评价，对一件事也不要一会儿表扬一会儿批评，这样会使宝宝的道德标准模糊，容易产生不良情绪，有碍宝宝个性的正常发展。

4 保持身心健康

想培养宝宝的良好品质，要保证宝宝有健康的体魄和愉快的情绪，因为一个人的个性与他的体质、情绪有关，宝宝如果长期身体不好，就会变得性情忧郁，而身体健康的宝宝往往表现得比较活泼。

3岁宝宝智能水平小测试

1. **对于需要表情和表演的歌曲，宝宝的表现是**
   - A. 唱歌时表情准确丰富，表演自如
   - B. 表情略显刻板，表演略显笨拙
   - C. 没有表情，没有表演动作

2. **当妈妈唱出某句儿歌的歌词时，宝宝会**
   - A. 马上接出下一句
   - B. 有时候会接出下一句，有时需要妈妈提醒

3. **宝宝是否能进行简单的跳绳、排球等运动**
   - A. 是的，而且很熟练
   - B. 可以玩，不够熟练，但很有兴趣
   - C. 可以玩，但不大感兴趣

4. **宝宝能否自己穿衣服和鞋子，而且能按顺序穿**
   - A. 可以，能熟练地扣好扣子并系好鞋带
   - B. 可以，但扣扣子和系鞋带需要人帮忙

5. **宝宝在叙述一件事情的时候，情况如何**
   - A. 会用一些修饰语，能把事件陈述完整
   - B. 能把事情说清楚，但不会用修饰语

6. **宝宝能否用语言表达自己的意思**
   - A. 能，而且表达得很清晰、生动
   - B. 能，但有时候讲不清楚

7. **当遇到问题时，宝宝的表现怎样**
   - A. 会自己想办法解决，喜欢动脑筋
   - B. 会自己先思考一会儿，但很快就找大人帮忙
   - C. 不愿自己解决，遇到问题就找大人帮忙

8. 吃饭时，给宝宝一双专用筷子

    A. 宝宝能用筷子吃饭，只是不大熟练

    B. 即使爸爸妈妈教了很久，宝宝也还是不能掌握用筷子的要领

9. 宝宝会自己整理玩具和物品吗

    A. 经常   B. 有时

    C. 偶尔   D. 从不

10. 在竞赛类训练中，宝宝的取胜信心如何

    A. 很足   B. 比较足

    C. 不太足   D. 没有

11. 宝宝是否会把自己最喜欢的玩具带到幼儿园

    A. 经常带

    B. 有时候会

    C. 很少带

12. 能准确、清晰地辨别所有方向，如前后、左右、上下等

    A. 是

    B. 有时候会分辨不清

题号	得分			
	A	B	C	D
1	10	5	2	
2	10	5		
3	10	5	4	
4	10	5		
5	10	5		
6	10	5		
7	10	5	2	
8	10	2		
9	10	6	2	0
10	10	7	2	0
11	10	5	2	
12	10	5		

测评结果

70 分以下

宝宝的智力发展未达到理想水平，要多加训练。

70~110 分

宝宝的智力发展尚可，达到平均水平，若想进一步提升智能，要进行针对性训练。

110 分以上

宝宝的智力发展非常棒，继续努力吧!

3 岁宝宝长得怎样了

项目	男（均值）	女（均值）
体重（千克）	14.7	14.1
身高（厘米）	97.5	96.6
头围（厘米）	49.6	48.5
胸围（厘米）	51.6	50.5

看看宝宝都会做什么了

- 做向前、向后、上下楼梯等动作时都非常灵活。

- 可以分开自己的每一根手指，还可以并拢手指。

- 能够画方形、圆形或自由涂鸦。

- 有时候宝宝会不停地唠叨，这对于学习新词汇和进行思考是十分有益的。

第4章

3~4岁宝宝智力开发方案

生活自理训练

通常，宝宝上了幼儿园后，必须要学会自己穿脱衣服，这能避免因自己不会处理这些事情产生自卑情绪，所以爸爸妈妈必须在宝宝入园前就教会宝宝自己穿脱比较简单的衣物。

学习穿脱衣裤

为了使宝宝更快学会穿脱衣裤，爸爸妈妈可以将衣裤放在宝宝面前，告诉他哪面是前面，哪面是后面，哪面是外面，哪面是里面，告诉宝宝应该进行哪个步骤，比如先把胳膊伸进袖子里，再把扣子扣上。

穿上衣训练

穿套头衫是比较简单的，可先教宝宝学习。最好能先教宝宝分清衣服的前后里外，领子上有标签的一面是衣服的后面，没有缝线的一面是衣服的外面。穿衣服时，先让头从上面的大洞里钻出去，然后再把胳膊分别伸到两边的小洞里，把衣服拉下来就行了。

穿裤子训练

教宝宝认识裤子的前后里外。裤腰上有标签的在后面，有漂亮图案的一般都在前面。教宝宝把裤子前面朝上放在床上，把一条腿伸到一条裤管里，再把另一条腿伸到另一条裤管里，把脚露出来，然后站起来，把裤子拉上去就可以了。

如果练习穿袜子，以选择略大些的袜子为好。

穿鞋子训练

　　妈妈最好给宝宝准备带粘扣的鞋子，方便穿脱。先教宝宝分清鞋子的左右，再教宝宝将脚塞进鞋子里，脚趾使劲朝前顶，再把后跟拉起来，将粘扣粘上就可以了。

学穿衣服

🧠 发展能力

　　既可锻炼宝宝手臂动作的灵活性，又能培养宝宝的自理能力。

🧠 这样玩

1　宝宝穿对襟开的衣服时，鼓励宝宝自己将两只手伸到袖子中。
2　让宝宝学习一个扣子对准一个扣眼，教宝宝先将一半的扣子塞到扣眼里，再把另一半扣子拉过来。
3　让宝宝反复多做几次，并在旁边及时纠正不正确的动作。

温馨提示

○ 如果宝宝扣错扣子了，就带着宝宝站到镜子前，让他看一看歪歪扭扭的扣子，并指导他进行纠正。

大动作能力

语言能力

宝宝语言能力的发展与他所处的环境及父母教育的方式有很大关系。3~4岁是宝宝学习说话的关键时期，这个时期的语言能力发展会直接影响以后的发展。因此，这一时期爸爸妈妈不要忽视语言的教育。

陪宝宝看相册

🌿 **发展能力**

培养宝宝说话的准确性。

🌿 **这样玩**

1 妈妈拿出家里的相册和宝宝一起看。
2 妈妈一边翻看，一边告诉宝宝照片的内容。
3 妈妈说完后，可以让宝宝看着照片复述。
4 如果宝宝说得不全，妈妈可以提示一下，比如照片上的人是谁，在哪里拍的，在什么季节拍的，等等。

温馨提示

○ 有时候，妈妈可以用这个游戏来取代晚上的睡前故事，类似看图说话的游戏对宝宝思维能力的发展有良好的效果。

这是爸爸，
这是妈妈。
中间这个小娃娃，
家里人人都爱他，
娃娃当然就是我，
一个快乐的小乖乖。

社交能力

为了培养宝宝的社交能力，爸爸妈妈在家中可有意识地引导宝宝观察大人在干些什么，让宝宝通过模仿来丰富自己的生活经验，进一步促进社交能力的发展。

扮家家

🎈 发展能力

培养宝宝的交往能力和创新意识。

大树下，扮家家，
小客人，都来啦！
我家就在大树下，
煮饭没米用泥沙，
炒蔬菜呀一大把。
吃吃喝喝说笑话，
大家一起笑哈哈！

🎈 这样玩

1 设计好故事情节，如招待客人、看医生等，爸爸妈妈和宝宝一起来做扮家家的游戏，并鼓励宝宝为爸爸妈妈、布娃娃和他自己分配角色。

2 爸爸妈妈要充当隐形导演，适当地提示宝宝该做什么，但要让宝宝觉得是他在指挥着整个游戏。

温馨提示

○ 宝宝在玩游戏时，往往会将游戏与现实混淆，特别是把游戏中的玩具当成食物时，常会把玩具放入口中，妈妈要注意防范。

245

音乐与艺术天赋

宝宝是天生的小音乐家，热衷于摇椅子、拍小手、敲打玩具和跳舞等，也爱听大人唱歌。同时，宝宝也是出色的画家。当宝宝用手指在桌上随意涂画时，头脑中会产生"链接"，这种"链接"能提高宝宝的想象力。

宝宝的音乐天赋

这个阶段可以训练宝宝按照节奏准确打拍。

小牙刷手中拿

🦷 发展能力

让宝宝在刷牙中体会音乐的存在。

🦷 这样玩

1 妈妈和宝宝一起准备牙刷、牙膏、牙缸。

2 妈妈给宝宝示范接水、挤牙膏、刷牙，然后按照《刷牙歌》中的顺序指导宝宝学习刷牙。

让宝宝接触下乐谱吧！

温馨提示

○ 这种将生活技能融入游戏的训练能让宝宝体会到音乐的乐趣和养成良好的生活习惯。

刷牙歌

水杯接水半杯满，
牙刷入杯要浸湿。
挤出牙膏黄豆大，
再给牙膏戴帽子。
喝口水来漱漱口，
小小牙刷手中拿。
上排牙齿向下刷，
下排牙齿向上刷。
咬合面上来回刷，
牙齿内侧也要刷。
刷完牙，漱漱口，
牙膏沫沫吐出来。
牙刷牙杯洗一洗，
轻轻摆来放整齐。
刷完牙，擦擦嘴，
牙齿白净人人夸。

4岁宝宝智能水平小测试

1. 对自己去过的地方能
   A. 评论当时某件事会引发的后果
   B. 讲出当时的一件事
   C. 讲出当时看到的 1~2 种东西
   D. 讲出 1~2 个地名

2. 讲故事时，能做到语句通顺，情节清楚、按前后次序讲述、因果关系合理中的几种
   A. 4 种
   B. 3 种
   C. 2 种
   D. 1 种

3. 让宝宝在起跑线做准备，听口令做兔子样连续跳跃，过 1 分钟后观察宝宝跳了多远
   A. 0.5 米
   B. 0.4 米
   C. 0.3 米
   D. 0.2 米

4. 自由搭积木，能自己搭出几种造型
   A. 6 种
   B. 5 种
   C. 4 种
   D. 3 种

5. 在没有提示的情况下能自己画出人体的几个部位
   A. 8 个
   B. 7 个
   C. 6 个
   D. 5 个

6. 宝宝在 8 人一组的抢椅子游戏中，是第几个被淘汰的
   A. 第 7 个或取得胜利
   B. 第 5~6 个
   C. 第 3~4 个
   D. 第 1~2 个

7. 饭后宝宝能参与几种清理工作：收碗、洗碗、将碗筷放入柜子、擦桌子、扫地、倒垃圾、换塑料袋
   A. 6~7 种
   B. 5 种
   C. 3~4 种
   D. 1~2 种

8. 会看钟表，认识几点、几点半、几点一刻或三刻、差 5 分几点或几点过 5 分中的几种

   A. 4 种　　　　　　B. 3 种　　　　　　C. 2 种　　　　　　D. 1 种

9. 会分辨几种季节和不同的天气现象，并相应地准备吃、穿、用、玩的东西

   A. 10 种　　　　　　B. 8 种　　　　　　C. 6 种　　　　　　D. 4 种

10. 能接到从多远之外抛过来的球

   A. 2 米　　　　　　B. 1.5 米　　　　　　C. 1 米　　　　　　D. 0.5 米

题号	得分			
	A	B	C	D
1	12	10	8	4
2	16	12	8	4
3	10	8	6	4
4	12	10	2	1
5	10	6	2	1
6	15	10	5	0
7	8	6	4	1
8	8	6	4	2
9	6	4	2	1
10	6	4	2	1

测评结果

🧠 70 分以下

宝宝的智力发展未达到理想水平，要多加训练。

🧠 70~110 分

宝宝的智力发展尚可，达到平均水平，若想进一步提升智能，要进行针对性训练。

🧠 110 分以上

宝宝的智力发展非常棒，继续努力吧！

4 岁宝宝长得怎样了

项目	男（均值）	女（均值）
体重（千克）	16.6	16.1
身高（厘米）	104.1	103.1
头围（厘米）	50.3	49.4
胸围（厘米）	53.3	52.4

看看宝宝都会做什么了

- 具备了协调性和平衡感，可以用一只手按住纸，另一只手拿铅笔和蜡笔涂鸦，还可以用许多积木搭建复杂的结构了。

- 此时的宝宝运动能力很强，因此爸爸妈妈要时不时提醒宝宝"等一会儿"，并在过马路时牵住宝宝的手。

- 这时宝宝可迈步行走、跑和跳了，肌肉力量也增强了，会翻筋斗、立定跳远了。

- 向大人提出更多问题，问题也更奇特了，几乎是什么都想知道，什么都要知道，这些表明宝宝已经从最初的原始性好奇向求知方向发展了。

第5章

4~5岁宝宝
智力开发方案

动作能力

4~5岁的宝宝特别活泼好动，整天蹦蹦跳跳，动个没完，他们能跑善跳，会玩球、跳绳、攀登等。宝宝的运动能力进一步完善，手的动作也更加灵巧。宝宝能参与一些简单的劳动，生活能自理了，有的宝宝能熟练使用筷子了。

攀爬起跳

这时候的宝宝整天动个不停，没有一刻安静的时候，宝宝经常伸伸腿、动动手、踢踢脚或做各种简单的动作。

宝宝会灵活地抓握东西了，垂吊、攀登和连续起跳等需要肌肉耐力的运动也开始逐渐掌握。宝宝开始玩球类、跳绳、爬梯子、翻单杠等游戏。

手部运动熟练

宝宝手部运动也日趋熟练。宝宝能够做一些简单的劳动，生活能自理了。一般来说，女宝宝的手腕柔软些，在穿脱衣服方面的自理能力要强于男宝宝。

跳皮筋

发展能力

锻炼宝宝身体的协调性。

温馨提示

○ 可以多找几个小朋友一起玩，增加宝宝对此游戏的兴趣。

这样玩

1 把两头拉平的橡皮筋系在椅子或树干上，皮筋可在脚踝、小腿、膝盖三个部位的高度调整。

2 让宝宝靠近皮筋站立，轻轻跳起，用右脚脖子跨住皮筋，脚尖点地两下，同时右脚自然跳动两下，接着右脚跨过皮筋收回。

3 跳第 2 遍时将皮筋升高一级，直到跳完最后一级。

身体协调性

数学学习能力

宝宝 4 岁后，能通过将实物合并或取走进行加减运算，但这种运算不能脱离具体的实物，而且运算的方法是逐一计数，扳手指计数就是其中一种方法。宝宝到了 5 岁后，随着思考能力的发展，爸爸妈妈要对宝宝进行默算的训练了。

让宝宝掌握数的组成

数的组成是宝宝数学学习中的一个重要内容。所谓"数的组成"，是指除 1 外，任何一个正整数都可以分成两个正整数，所分的两部分合起来就是原来的数，比如 5 可以分为 4 和 1、2 和 3、3 和 2、1 和 4，而 4 和 1、2 和 3、3 和 2、1 和 4 合起来都是 5。

让宝宝学习数的组成，不仅能帮助宝宝了解数群概念，了解数的构成，加深对数的认识，还能为宝宝学习加减运算打下基础。最好的方法是将学习渗透到游戏中进行。

例如，妈妈教 4 的组成时，可以为宝宝提供黑、白两种颜色的棋子，让宝宝自己拿 4 颗棋子，并数一数黑色和白色棋子各有几个，有时 4 颗棋子中 1 颗是白的，3 颗是黑的，有时 2 颗是白的，2 颗是黑的。

"5"的分解

🥕 发展能力

　帮助宝宝了解"5"的分解，锻炼宝宝的拆分能力。

🥕 这样玩

1　妈妈告诉宝宝要将 5 个萝卜分给两只小兔。
2　给小白兔的萝卜已经画好了，让宝宝将给小灰兔的萝卜画在圆圈里。

温馨提示

o 妈妈可以先教宝宝了解"5"的分解，然后再完成填空，并准确地画出每幅图，让宝宝结合实物完成填空，帮助宝宝理解数字分解的意义。

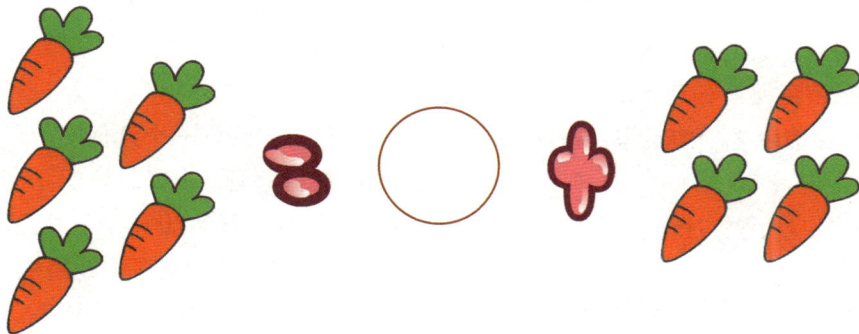

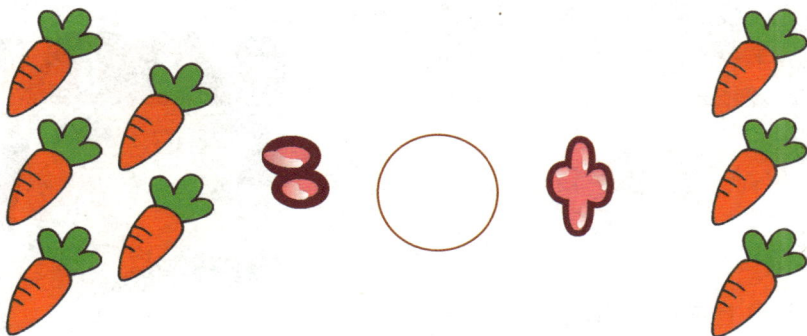

想象能力和创造能力

想象是对头脑中已有的表象进行加工改造，形成新形象的过程。思维是对客观事物概括的间接反映。在宝宝 4~5 岁时需要开发想象力和创造力。

续编故事

文学家歌德的母亲给他讲故事时，总是讲到一半就不讲了，让歌德去猜。让宝宝续编故事，可以开发他的思维，发挥他的想象力。不要求宝宝编得一定跟故事的剩余部分一样，只要合情合理，能自圆其说就行了。

鼓励宝宝做游戏

宝宝通过在游戏中一物多用可发展想象能力，比如在玩过家家的游戏时，宝宝把半个乒乓球当作小碗盛饭，拿两根棍子当作筷子，把沙子想象成饭，等等。几块不同形状的积木，经他的手一摆，能变成大桥、小动物、高楼等。在游戏中，宝宝的想象力可以尽情飞翔。

看图讲述

让宝宝根据画上的人物、情景，结合实际情况，联想画上描述的是什么情节，经过是什么，时间、地点是什么，这能培养宝宝的观察力，也能培养他的想象力。

添画

给宝宝画好一个几何图形，让宝宝根据想象进行添画。例如，妈妈画个三角形，宝宝可在上、下各加几个三角形就成了"松树"，加"一"构成了"跷跷板"，还可变成轮船、旗子、房屋等各种图案。另外，不要给宝宝规定画的内容，只要给他笔和纸，让他想画什么就画什么，也可以发展他的想象力。

三个宝宝齐心协力盖间漂亮的房子吧！

给花朵涂颜色

发展能力

　　训练宝宝对色彩的运用能力，锻炼宝宝的想象和创造能力。

这样玩

1　妈妈给宝宝画一幅花朵的白描画。
2　引导宝宝观察花朵的形状，让宝宝想象花的颜色，并鼓励宝宝说出来。
3　给宝宝准备好画笔，让宝宝往每朵花中填充颜色。

宝宝，快来给这朵漂亮的小花
填充上你喜爱的颜色吧！

没错，这就是小狮子，宝宝来
还原小狮子的本来面目吧！

5岁宝宝智能水平小测试

1. 知道几个地名
   A. 12 个　　　　　　　　　　　　　B. 10 个
   C. 8 个　　　　　　　　　　　　　　D. 5 个

2. 听完后复述"天上有星星，山上有老虎，海里有大鱼，家里有小猫"
   A. 听 1 次讲 8 种　　　　　　　　　B. 听 1 次讲 7 种
   C. 听 2 次讲 8 种　　　　　　　　　D. 听 2 次讲 7 种

3. 随便唱一首歌，符合音准、节拍准、吐字清楚、讲出歌名中的几项
   A. 4 项　　　　　　　　　　　　　　B. 3 项
   C. 2 项　　　　　　　　　　　　　　D. 1 项

4. 能背出家庭住址中的几项要素：市、县、乡、街道、胡同、楼号、单元号、门号、电话号码
   A. 7~9 项　　　　　　　　　　　　　B. 5~6 项
   C. 3~4 项　　　　　　　　　　　　　D. 2 项
   E. 1 项

5. 用筷子夹 10 粒花生米入瓶内的时间
   A. 25 秒　　　　　　B. 35 秒　　　　　　C. 45 秒

6. 跳远的距离
   A. 40 厘米　　　　　B. 30 厘米　　　　　C. 20 厘米

7. 钻过 60 厘米高的绳子
   A. 头不碰绳　　　　　B. 头碰绳　　　　　C. 身体碰地

8. 接从 2.5 米远外抛来的高过肩或矮过膝的球时
   A. 3 次中接住 2 次　　　　　　　　B. 3 次中接住 1 次
   C. 1 次也接不到

9. 能背诵几首唐诗
   A. 超过 2 首　　　　　　　　B. 2 首
   C. 1 首　　　　　　　　　　　D. 不足 1 首

10. 宝宝知道的紧急求救电话号码有几个
    A. 4 个　　　　　　　　　　　B. 3 个
    C. 2 个　　　　　　　　　　　D. 1 个

题号	得分				
	A	B	C	D	E
1	14	12	10	8	
2	12	10	8	6	
3	7	5	3	1	
4	12	10	8	6	4
5	7	5	3		
6	7	5	3		
7	5	4	3		
8	7	5	0		
9	12	8	4	0	
10	15	10	5	2	

测评结果

70 分以下
宝宝的智力发展未达到理想的水平，要多加训练。

70~110 分
宝宝的智力发展尚可，达到平均水平，若想进一步提升智能，要多加针对性训练。

110 分以上
宝宝的智力发展非常棒，继续努力吧！

5 岁宝宝长得怎样了

项目	男（均值）	女（均值）
体重（千克）	19.0	18.2
身高（厘米）	111.3	110.2
头围（厘米）	51	50
胸围（厘米）	55	54

看看宝宝都会做什么了

- 运动能力增强了，能单腿弹跳，但持续的时间不长。

- 能写简单的字，会画的人体部位增多了，能画出三角形、房屋、汽车及花草等。

- 能模仿大人的语气讲话，也乐于讲述自己熟悉的故事，扮演简单的角色。

- 5 岁的宝宝能初步理解具象与抽象，能知道一年中 12 个月的名称和一周中每一天的名称了。

第6章

5~6岁宝宝
智力开发方案

动作
能力

5岁以后的宝宝运动能力更强，他们活泼好动，肌肉结实，可以连续行走半小时而不感到疲倦，不但走得很好，而且会熟练地跑、跳、攀登等，手也更加灵巧了，能够用手写字、画画，能使用剪刀类的工具做出较出色的手工作品。

培养宝宝动手操作能力

爸爸妈妈要教给宝宝有关学校生活的常规知识，教宝宝爱护和整理书包、课本、画册、文具盒、玩具，学习使用剪刀、铅笔、橡皮和其他工具，会削铅笔，并能制作简单的玩具。

提高宝宝生活自理能力

培养宝宝衣食住行等方面的自理能力，逐渐减少父母和其他成年人对他的照顾，让他学会生存。在日常生活中，要让宝宝学会自己起床睡觉、脱穿衣服、铺床叠被，学会洗脸、刷牙、洗手、洗脚、自己大小便，学会摆放物品、洗刷碗筷、端菜盛饭、收拾饭桌，学会洗简单的衣物，如小手绢、袜子等。

提高宝宝的劳动能力

在日常生活中，爸爸妈妈可要求宝宝多做些力所能及的劳动，同时学一些简单的劳动技能，如开关门窗、扫地、擦桌椅等。

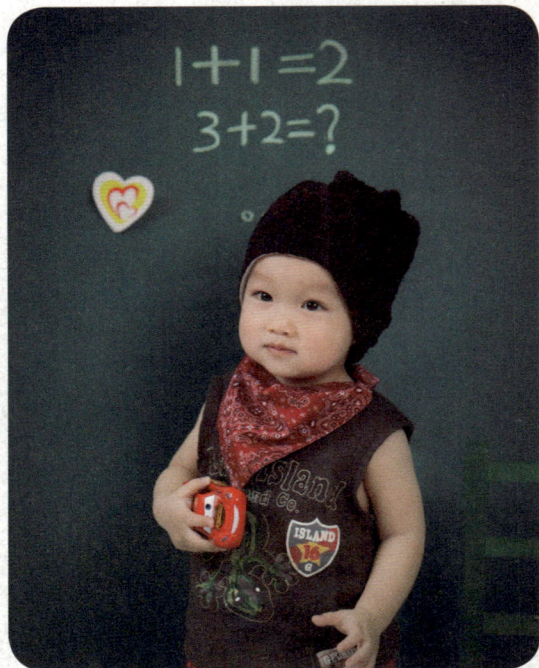

语言能力

在语言方面，宝宝掌握的词汇更加丰富，语言表达能力有了进一步的发展，可以自由地与人进行交流了。此时，爸爸妈妈要注重培养宝宝讲话的连贯性。

描述春天

💡 发展能力

锻炼宝宝的语言表达能力。

💡 这样玩

1 妈妈给宝宝看一幅春天的图片。

2 鼓励宝宝将从图中看到的景象用语言表达出来。

3 如果宝宝能结合自己的实际生活经验，说出一些连贯的句子，妈妈要及时表扬。

温馨提示

○ 宝宝的表达能力和逻辑思维可能还不是很强，妈妈要适时提示宝宝对各类事物逐个进行表述，尽量让宝宝多说一些。

观察能力与注意力

这时候，宝宝的观察逐渐转变为一个独立、有目的的过程，并开始形成初步、有方向、自觉的观察能力。5 岁多的宝宝随着语言能力的不断提高和知识经验的不断丰富，观察能力有了很大的发展。

宝宝的观察能力和注意力

5 岁的宝宝逐步学会了持续地观察某一事物，特别是他们感兴趣的事物，概括能力也不断增强，他们逐渐地会了解事物的一般性质及事物间的内在联系。例如，让宝宝看两幅图画，一幅画着小鸡掉进河里，另一幅画着小鸭把小鸡救上岸，宝宝通过观察就能说出这两幅画的关系。

宝宝观察力的发展和他们在生活中经验的增长及语言能力的发展是分不开的。因此，爸爸妈妈要善于按照宝宝观察力的发展特点，有意识地对宝宝的观察活动加以指导，以提高宝宝的观察能力。

爸爸妈妈还可根据宝宝注意力的发展特点，训练他们独立控制注意力的能力。

百变水

发展能力

训练宝宝的手指肌肉力量和手眼协调能力，同时培养宝宝的观察力。

这样玩

1 准备一个水杯（倒入半杯水）、一张白纸、一支红色水笔，一只吸管。

2 让宝宝用红色水笔在白纸上画数个大圆点。

3 用吸管吸杯子中的水，在白纸上滴 1 滴，观察红色墨水扩散的形态和速度。

数学学习能力

这个阶段的宝宝在接受任何形式的数学教育前，已具有一定的天生的数学计算能力。实际上，这时的宝宝对 50 以内数字的计算能力很强，但是需要用图像的方式来表现数字。所以，爸爸妈妈在培养宝宝的数学学习能力时最好以图片或实物的形式来教学。

教宝宝学数学

爸爸妈妈可以在日常生活中随时随地给孩子灌输数学概念，比如比较轻重、多少、大小，进行排序、归类，等等。可以将洗好的袜子两只两只放在一起，告诉宝宝两只是一双，让他看看一共有几只、有几双；收拾房间的时候，问宝宝玩具放在什么地方，书本放在什么地方；妈妈买回来的东西中哪些是蔬菜，哪些是水果；家里爸爸比妈妈大，妈妈比宝宝大，问宝宝谁最大、谁最小，这些都能培养宝宝的数学学习兴趣。如果想系统地教育宝宝，可以到书店买一些适合此年龄段宝宝的教育书籍，寓教于乐。

学做加法

发展能力

教宝宝学做 10 以内的加减法，提高宝宝的数学学习能力。

这样玩

1　准备一些糖果或积木代替数字。

2　用它们摆出几个 5 以下的数，让宝宝通过数数说出它们的和。

=

温馨提示

○ 宝宝学习抽象的计算应从数具体的实物开
始，对以后的学习有好处。摆物品的过程能
让宝宝真正理解数学计算。

个性发展与社交能力

这时期的宝宝开始自立，具有一定的自主性，也掌握了一些社交技能。爸爸妈妈要加强对宝宝这些方面的针对性训练。

让宝宝独立做事

5岁的宝宝能自己完成自己的事情，这就是自立。宝宝的独立性在很小的时候就开始萌芽了，所以爸爸妈妈要放手让宝宝去做自己的事。爸爸妈妈可以让宝宝到邻居家借东西，到附近的商店去买些小商品，还可以设置一些障碍，让宝宝开动脑筋，自己想出排除障碍的方法，让宝宝感受成功的喜悦。

鼓励宝宝多交朋友

5岁的宝宝初步学会了如何进行亲子交往、同伴交往、师生交往及与同社会各行业人员的交往，已经能理解他人的情感，并能站在别人的角度上产生情感共鸣；具有合作意识，能熟练地使用各种社会交往技能，与别人一起活动；能针对具体的情景，采取适当的方法，解决同伴间的矛盾冲突。爸爸妈妈要鼓励宝宝走出家庭，多交朋友。

介绍好朋友

🎈 发展能力

通过分享与诉说，让宝宝进一步了解好朋友的意义，并学习如何培养友谊和欣赏别人的优点，从而提高宝宝的人际交往能力。

🎈 这样玩

1 爸爸妈妈先问问宝宝有几个好朋友，如果宝宝不了解好朋友的定义，家长可以解释说："好朋友就是你最喜欢一起玩游戏的人。"
2 妈妈可以先告诉宝宝："我的好朋友是某某某，她有长长的头发，我最喜欢听她唱歌……"
3 让宝宝努力说出自己心中的好朋友叫什么名字、为什么喜欢和他一起玩等。

6岁宝宝智能水平小测试

1. 宝宝会自己讲出多少个成语
   A. 5个及以上　　　　B. 4个　　　　　　C. 2个　　　　　　D. 1个

2. 给玩具熊做睡衣，要量身高、量袖长、裁纸样、裁布料、缝制、做领，宝宝会
   A. 做5样　　　　　　B. 做4样　　　　　C. 做3样
   D. 做2样　　　　　　E. 做1样

3. 连续播放宝宝很少听的4首曲子，听后休息5分钟，打乱次序再次播放，可以加上一首另外的曲子，宝宝能记住4首中的几首
   A. 4首　　　　　　　B. 3首　　　　　　C. 2首　　　　　　D. 1首

4. 让宝宝自己用铅笔画出五角星，需要用橡皮进行几次修改
   A. 不用修改　　　　　B. 1次　　　　　　C. 2次
   D. 3次　　　　　　　E. 4次

5. 用画图的方式给奶奶写信，告诉她爸爸回来了，并请她到家里吃饭
   A. 先画爸爸回家，再画奶奶坐在一起吃饭
   B. 画爸爸向家人招手，表示他要回家
   C. 从画中能看出爸爸要回家
   D. 画面难以理解

6. 有几个兴趣相投的朋友，有什么样的活动方式
   A. 有3个朋友，电话约定　　　　　　B. 有2个朋友，一同讨论
   C. 有1个朋友，无固定活动方式　　　D. 没有

7. 每周漏带几次要用的东西
   A. 0次　　　　　　　　　　　　　　B. 1次
   C. 2次　　　　　　　　　　　　　　D. 3次

8. 宝宝能讲出水的几种用途
   A. 10 种　　　　　B. 8 种　　　　　C. 6 种　　　　　D. 4 种　　　　　E. 2 种

9. 待客时宝宝会主动做下面 6 件事中的几件：打招呼、送茶、说话有礼貌、关照小客人、帮助妈妈做家务及腾出时间让妈妈待客
   A. 4 件及以上　　　　B. 3 件　　　　　C. 2 件　　　　　D. 1 件

10. 跳绳的方法有自己双脚跳、交替单脚跳、别人摇绳自己跳、同别人一起跳，宝宝会跳几种
    A. 4 种　　　　　B. 3 种　　　　　C. 2 种　　　　　D. 1 种

题号	得分				
	A	B	C	D	E
1	12	10	7	4	
2	10	8	5	3	1
3	10	8	5	3	
4	10	8	7	3	1
5	9	6	3	2	
6	10	8	5	2	
7	16	12	10	5	
8	12	10	8	4	2
9	12	8	5	2	
10	15	10	8	2	

测评结果

🧠 **70 分以下**
宝宝的智力发展未达到理想的水平，要多加训练。

🧠 **70~110 分**
宝宝的智力发展尚可，达到平均水平，若想进一步提升宝宝的智能，要多加针对性训练。

🧠 **110 分以上**
宝宝的智力发展非常棒，继续努力吧！

附录

信息时代，别让宝贝成为电子儿童

Pad（平板电脑）操作简单，应用软件丰富，被众多潮妈潮爸当作早教工具。不管争议如何，Pad 跟宝贝已产生了某种联系，在这种联系的背后，我们看到了 Pad 对宝宝的强大吸引力，也正是这种吸引力，引发了家长和社会的担心。实际上，电子产品层出不穷，一味抗拒肯定不是办法，也抗拒不了，关键还是需要家长的引导，如果自己都每天宅在家里坐在电脑前，那又如何说服宝宝呢？如果自己都懒得去户外运动，又如何引导宝宝去亲近大自然……所以，让不让宝宝玩不是关键，如何引导是关键。

宝宝是"电子迷"，护眼有诀窍

宝宝的视力更容易受到 Pad、手机、电脑等电子设备的伤害。在宝宝视力发育的敏感期，爸爸妈妈要为宝宝提供正常、有利于视力发育的视觉环境，同时考虑到宝宝视力发育的特点，比如 2 岁的宝宝仅有 0.4 的视力，长期的阅读、玩游戏会造成视觉疲劳，进而出现近视。

🔆 每天使用电子产品不超过 1 小时

尽量让年龄比较小的宝宝不要接触 Pad 之类的电子产品，大一些的宝宝在玩的同时一定要规定时间，每次不超过半小时。同时，家长要提醒宝宝保持良好的坐姿，并做好心理疏导工作。如果宝宝已经出现视疲劳，要去进行一些户外活动，活动后自然就放松了。

🔆 把握好亮度、距离，学会调整

宝宝玩电子产品时，家长最好将亮度调节到感觉舒适的程度，比如环境光应相对于电子产品的光稍弱一些。使用电脑和手机等电子产品时，眼睛与屏幕保持 40～60 厘米的距离，看电视时最好距离 3 米以上。

此外，要督促宝宝每用眼 40～50 分钟，就要看窗外远处的物体 10 分钟左右，这样交替地看远处和近处，可以使睫状肌和晶状体处于活跃状态，是一种很好的预防近视的方法。

🥄 为避免发生近视，少吃糖果和高糖食品

吃糖过多，会使血液中增加大量酸性物质，这些物质与钙结合，会造成血钙降低，这就会影响眼球壁的坚韧性，使眼轴易于伸长，助长了近视的发生和发展。另外，研究发现户外活动，尤其是在夏季阳光充足时外出活动对预防近视非常有益。

警惕宝宝的脊柱"退化"

🥄 不要让你的宝宝年龄还小，脊柱已老

如果宝宝沉迷于电脑、Pad、PSP（掌上游戏机）、手机游戏等，会直接损害宝宝的脊柱。家长要非常严格地限制宝宝在电脑前的时间，不要把玩 Pad、PSP 当作奖励。

宝宝脊柱的发育过程

当胎儿在妈妈的子宫里时，身体蜷缩在一起，脊柱呈"C"形，这个"C"形会在胎儿出生后一直保持，直到宝宝开始抬头。

抬头后，颈椎开始向前，发育成前凸的曲线，我们称之为颈曲。当宝宝开始爬行的时候，由于重力的作用，小肚子和腰椎向下塌凹，发育成向前的腰弓。这样，脊柱就形成了颈椎向前，胸椎向后，腰椎再向前，骶尾椎再向后的双"S"形的生理曲度。

脊柱健康对宝宝的重要性

脊柱的生理曲度如同弹簧，在跑跳的时候可以缓解对脊柱的纵向冲击力，防止脊柱骨折，也可以缓冲对大脑、脊髓和神经的震荡，防止中枢神经系统损伤。生理曲度也给了椎间盘弹性空间，使椎间盘中间的髓核保持水分，如水囊一样，进一步缓解脊柱的纵向冲击力。

如果脊柱的生理曲度变小、消失或反弓，就会使脊柱减少或失去减小震荡纵向冲击力的能力，这样人在跑跳的时候就容易造成损伤，同时椎间盘受到过度挤压，造成脱水变性，可引发椎间盘脱出或退化。

让宝宝晚一点、少一点接触电脑

小宝宝的身体非常娇嫩，骨骼还不稳定，肌肉还不丰满，韧带还很无力，刚刚发育出来的生理曲度，是由于抬头和爬行才形成的，不可能在几年内完全定型。如果宝宝长时间坐在沙发上，埋头玩电脑游戏，一日数小时，颈椎腰椎一起反折使脊柱变成"C"形，重新回到胎儿时期的状态，不是在退化吗？为了宝宝一生的脊柱健康，请让他们晚一点、少一点接触电脑吧。

对眼睛、脊柱有益的食物

🌱 对眼睛有益的 4 类食物

1	**2**
富含维生素 A 的食物	**富含维生素 C 的食物**
摄入充足的维生素 A，不仅有利于消除眼睛疲劳，还能帮助预防夜盲症和干眼症。维生素 A 主要存在于深绿色或红黄色蔬菜和水果等植物性食物中，含量较为丰富的有菠菜、苜蓿、豌豆苗、红心甜薯、番茄、胡萝卜、青椒和南瓜等，水果则以春天的杏、秋天的柿子中的含量为高。来自动物性食物的维生素 A，多数以酯的形式存在于动物肝脏、鱼子、奶油和禽蛋中。	维生素 C 是组成眼球晶状体的成分之一。维生素 C 主要来源于新鲜的蔬菜和水果，青椒、花菜、番茄、柑橘、山楂、红枣、葡萄等蔬果中的含量均较高。野生的蔬菜和水果，如苋菜、苜蓿、刺梨、沙棘、猕猴桃等，维生素 C 含量尤其丰富。

富含钙的食物

富含蛋白质的食物

　　人体摄入充足的钙有利于消除眼肌紧张，对保护眼睛也是有益的。钙的良好食物来源包括奶及奶制品（纯牛奶、原味酸奶、奶酪）、大豆及其制品、虾皮，以及绿叶蔬菜等。

　　蛋白质是组成人体组织的主要成分，人体摄入充足的蛋白质有利于组织的修补和更新，对眼睛有益。蛋白质的良好来源有瘦肉、鱼、虾、蛋、奶等动物性食物及大豆。

🍡 对脊柱有益的 3 类食物

1 ◀ 保证钙的充足 ◀

脊柱病的发生往往与骨质疏松、缺钙有关，所以我们应该保证宝宝钙的摄入。富含钙的食物包括奶及奶制品（纯牛奶、原味酸奶、奶酪）、大豆及其制品、虾皮，以及绿叶蔬菜等。

2 ◀ 保证维生素 D 的充足 ◀

充足的维生素 D 有助于促进钙的吸收。维生素 D 的主要来源不是食物，而是皮肤合成，所以经常带宝宝到户外活动，晒晒太阳，可以有效补充维生素 D。当然，也要适当补充富含维生素 D 的食物，如动物内脏、鱼肝油、蛋黄等。

3 ◀ 适量饮淡茶水 ◀

茶中含矿物质、维生素等多种营养素，均为人体必需。此外，茶中还含有茶多酚、生物碱及脂多糖等活性物质，有助于改善循环、兴奋神经系统，从而提高肌力、耐力，起到消除肌肉疲劳的作用。但是，茶中含有的鞣酸可与食物中的钙结合，形成不溶性沉淀物，影响钙的吸收和利用，不可喝过浓的茶水。因此，适量饮淡茶水对脊柱的健康是有益的。

宝宝，请对电子产品说"不"

宝宝接触的电子产品，从电视开始，到网络和非网络的电脑游戏，到手持游戏机、手机，到 Pad，它们的本质是相同的，就是将宝宝带入一个精彩刺激、虚拟的世界中。

🎈 加工外界信息，组装成对世界的认知

不知爸爸妈妈想过吗，宝宝的小脑袋里面每天都在做什么事情？那就是通过感官获取外界的信息，让自己的身体与外界互动得到更丰富的信息，然后加工这些信息，最终组装成对世界的认知（包括对自己的认知）。这是他们人格形成的基础，是未来学习其他知识和进行社会互动的背景和基础。

宝宝如果长期沉浸在虚拟的游乐世界里，会给他们带来什么影响呢？因为电子产品提供的世界是刺激、夸张、虚拟的，所以宝宝可能会形成错误的认知，逐渐对日常生活失去兴趣和关注，导致越来越依赖和沉迷于电子产品，甚至有可能因为错误的认知导致意外的发生。

🎈 宝宝是自然之子

宝宝需要的营养不仅来自食物，还来自大自然。成年人已习惯与电脑等电子产品为伴，经常想不起来人类是自然之子。宝宝正处于对外物敏感的时期，要强调情绪与情感的培养。这时，我们不仅需要让宝宝接触活生生的有情感的人，还要接触花草和动物，接触河流与雨雪，接触沙、石、泥巴与木头。

多让宝宝去大自然中玩耍，获得对外界的认知，有助于提升宝宝的理解和认知能力。

大人应做好榜样

宝宝的很多问题都是父母造成的，一个与自然有联结的宝宝不会对电子产品感兴趣，只有情感缺失或无法自由探索外界的宝宝才会将注意力投放到那些真实东西的替代品上。想想看：家人有没有限制宝宝探索世界？有没有耐心理解宝宝的行为意图？有没有给宝宝充足的陪伴时间？

一起来看绘本吧

除了鼓励宝宝用身体进行探索获得知识以外，也推荐宝宝通过绘本来丰富体验。优秀的绘本将一个温暖、丰富、值得信任的世界展现在宝宝面前，补充宝宝身边可供谈说材料的不足，扩大他们的视野。绘本既可陶冶宝宝的情操，培养对美的鉴赏能力，学习沟通的本领，也对宝宝的专注力培养很有益处。此外，绘本中有很多人文道德的内容渗透其中，潜移默化地进入宝宝的心灵，有时比父母简单的说教更为有益。